虫洞书简

给青少年的24堂大师写作课

乐律大语文 ◎ 著

台海出版社

图书在版编目（CIP）数据

虫洞书简.给青少年的 24 堂大师写作课 / 乐律大语
文著 . -- 北京 : 台海出版社 , 2023.6
ISBN 978-7-5168-3562-3

Ⅰ.①虫… Ⅱ.①乐… Ⅲ.①作文课－中学－教学参
考资料 Ⅳ.① G634.303

中国国家版本馆 CIP 数据核字（2023）第 087655 号

虫洞书简 . 给青少年的 24 堂大师写作课

著　　者：乐律大语文

出 版 人：蔡　旭　　　　　　　封面设计：异一设计
责任编辑：魏　敏　高惠娟

出版发行：台海出版社
地　　址：北京市东城区景山东街 20 号　邮政编码：100009
电　　话：010-64041652（发行，邮购）
传　　真：010-84045799（总编室）
网　　址：www.taimeng.org.cn/thcbs/default.htm
E－m a i l：thcbs@126.com

经　　销：全国各地新华书店
印　　刷：三河市嘉科万达彩色印刷有限公司
本书如有破损、缺页、装订错误，请与本社联系调换

开　　本：880 毫米 ×1230 毫米　　　1/32
字　　数：140 千字　　　　　　　印　　张：9.25
版　　次：2023 年 6 月第 1 版　　　印　　次：2023 年 6 月第 1 次印刷
书　　号：ISBN 978-7-5168-3562-3

定　　价：49.80 元

编前语

　　写作一直都是中高考学生必备的重要技能之一。作文作为语文考试的一部分，占据了相当大的分值，也是考生展示语文能力最直接和最有效的方式。因此，如何提高作文水平，就成为学生和家长们十分重视的问题。

　　本书精心挑选和收录了现当代文学大师们的经典文章，涵盖了记叙文、议论文、说明文、散文、小说、诗歌等不同文体，并从中提炼了大师们亲自总结的写作经验与技巧，包括创作灵感的获取、文字结构的布局、人物形象的塑造、写出好的开头和结尾以及正确运用语言等。通过阅读这些文章，学生们不仅能够掌握大师们写作的方法，学习大师们写作的诀窍，也能够在阅读中提升写作能力，还可以观摩大师们是如何用精湛的技巧创作出一篇篇生动有趣、思想深邃的名作的。

书中文章大多写于白话文使用初期，很多字词、标点的使用与现代汉语规范不符。为了尊重作家原著，本书对一些不算错误的拗口句式、拟声词或类似字词等进行了保留。为了最大程度地方便学生学习和理解，对所选取的部分文章进行了删减，去掉了对现在学生参考意义不大的内容，如对"欧式语"的批判等。

这一时期的文学界群星璀璨，有大量的优质作品值得细细品味、深入学习。然而因为很多版本编排的陈旧，使学生们对这些作品望而却步。编者将这一篇篇呕心沥血、蕴含宝藏的文章重新整理编排，让学生们在阅读的过程中，不因形式上的阻碍而错过珍贵的作品，错失学习的好机会。

本书对一些重点句子用颜色突出。一是帮助学生们理解关键内容，降低阅读难度；二是方便学生们阅读之后快速回忆，提高学习效率。

最后，如果这本倾注诚意和心血的小书，能在浩渺书海中与您不期而遇，让您的写作水平有所精进，文学素养有所提升，那将是编者莫大的慰藉。

写作些什么

夏丏尊

先来介绍一个笑话。

从前有一个秀才，有一天伏在案头做文章，因为做不出，皱起了眉头，唉声叹气，样子很痛苦。他的妻子在旁嘲笑说："看你做文章的样子，比我们女人生产还苦呢！"秀才答道："这当然！你们女人的生产是肚子里先有东西的，还不算苦。我的做文章，是要从空的肚子里叫它生产出来，那才真是苦啊！"真的，文章原是发表自己的思想感情的东西，要有思想感情，才能写得出来，那秀才肚子里根本空空的没有货色①，却要硬做文章，当然比女人生产要苦了。

照理，无论是谁，只要不是白痴，肚子里必有思想感情，绝不会是全然空虚的。从前正式的文章是八股文，八股文须代圣人立言，《论语》中的题目，须用孔子的口气来说，《孟子》中的题目，须用孟子的口气来说，那秀才因为对于孔子孟子的化装，未曾熟习，肚子里虽也许装满着目前的"想中举人"咧，"点翰林"咧，"要给妻买香粉"咧，以及关于柴米油盐等琐屑的思想感情，但都不是孔子孟子所该说的，一律不能入文，思想感情虽有而等于无，故有做不出文章的苦痛。我们生当现在，已不必再受此种束缚，肚子里有什么思想感情，尽可自由发挥，写成文字。并且文字的形式，也不必如从前地要有定律，日记好算文章，随笔也好算文章。作诗不必限字数，讲对仗，也不必一定用韵，长短自由，题目随意。一切和从前相较，算是自由已极的了。

那么，凡是思想感情，一经表出，就可以成为文章了吗？这却也没有这样简单。当我们有疾病的时候，"我恐这

---

① 货色：指人的思想、言论、作品等（多含贬义）。

病不轻"是一种思想的发露，但写了出来，不好就算是文章。"苦啊！"是一种感情的表示，但写了出来也不好算是文章。文章的内容是思想感情，所谓思想感情，不是单独的，是由若干思想或感情复合而成的东西。"交朋友要小心"不是文章，以此为中心，把"所以要小心""怎样小心法""古来某人曾怎样交友"等思想组织地系统地写出，使它成了某种有规模的东西，才是文章。"今天真快活"不是文章，把"所以快活的事由""那事件的状况"等等记出，写成一封给朋友看的书信或一首自己看的日记，才是文章。

文章普通①有两种体式，一是实用的，一是趣味的。实用的文章，为处置日常的实际生活而说，通常只把意思（思想感情）老实简单地记出，就可以了。诸君于年假将到时，用明信片通知家里，说校中几时放假，届时叫人来挑铺盖行李咧，在拍纸簿上写一张向朋友借书的条子咧，以及汇钱若干叫书店寄书册的信咧，拟校友会或寄宿舍小团体的规约咧，都是实用文。至于趣味的文章，是并无生活上的必要的，

---

① 普通：普遍。

至少可以说是与个人眼前的生活关系不大，如果懒惰些，不做也没有什么不可。诸君平日在国文课堂上所受到的或自己想做的文章题目，如"同乐会记事"咧，"一个感想"咧，"文学与人生"咧，"悼某君之死"咧，"个人与社会"咧，小说咧，喜剧咧，新诗咧，都属于这一类。这类文章，和个人实际生活关系很远，世间尽有不做这类文章，每日只写几张似通非通得便条子，或务实信，安闲地生活着的人们。在中国的工商社会中，大部分人都如此。这类文章，用了浅薄的眼光从实际生活上看来，关系原甚少，但一般地所谓正式的文章，大都属在这一类里。我们现今所想学习的（虽然也包括实用文），也是这一类。这是什么缘故呢？原来人有爱美心和发表欲，迫于实用的时候，固然不得已地要利用文字来写出表意，即明知其对于实用无关，也想把其五官所接触的、心所感触的写出来示人，不能自已。这种欲望，是一切艺术的根源，应该加以重视。学校中的作文课，就是为使青年满足这欲望，发达这欲望而设的。

话又说远去了，那么究竟写作些什么呢？实用的文章，内容是有一定的，借书只是借书，约会只是约会，只要把意思直截简单地写出，无文法上的错误，不写别字，合乎一定的格式就够了，似乎无须多说。以下试就一般的文章来谈"写作些什么？"。

秀才从空肚子里产出文章，难于女人产小孩。诸君生在现代，不必抛了现在自己的思想感情，去代圣人立言，肚子绝无空虚的道理。"花的开落""月的圆缺""父母的爱""家庭的悲欢""朋友的交际"，都在诸君经验范围之内，"国内的纷争""生活的方向""社会的趋势""物价的高下""风俗的变更"又为诸君观想所系。材料既无所不有。教师在作文课中，更常替诸君规定题目，叫诸君就题发挥，限定写一件什么事或谈一件什么理。这样说来，"写作些什么？"在现在的学生似乎是不成问题了的。可是事实却不然。所谓写作，在某种意味上说，真等于母亲生产小孩。我们肚里虽有许多的思想感情，如果那思想感情未曾成熟，犹之胎儿发育未全，即使勉强生了下来，也是不完全的无生命的东西。文章的题目，不论由于教师命题，或由于自己的感触，总之只不过是基本的胚种，我们要把这胚种多方培育，使之发达，或从经验中收得肥料，或从书册上吸取阳光，或从朋友谈话中供给水分，行住坐卧，都关心于胚种的完成。如果是记事文，应把那要记的事物，从各方面详加观察。如果是叙事文，应把那要叙的事件的经过，逐一考查。如果是议论文，应寻出确切的理由，再从各方面引了例证，加以证明，使所立的断案坚牢不倒。归结一句话，对于题目，客观的须有确实丰富的知识（记叙文），主观的须有自己的见解与感触（议论文、感想文）。把这些知识或见解与感触打成一片，结为一团，这就是"写作些什么"问题中的"什么"了。

有了某种意见或欲望，觉得非写出来给人看不可，于是写成一篇文章，再对这文章附加一个题目上去。这是正当的顺序。至于命题作文，是先有题目后找文章，照自然的顺序说来，原不甚妥当。但为防止抄袭计，为叫人练习某一定体式的文字计，命题却是一种好方法。近来学校教育上大多数也仍把这方法沿用着，凡正式课程的作文，大概由教师命题，叫学生写作。这种方式对于诸君也许有多少不自由的地方，但善用之，也有许多利益可得：（1）因了教师的命题，可学得捕捉文章题材的方法，（2）可学得敏捷搜集关系材料的本领，（3）可全面地养成各种问题的写作能力。写作是一种郁积的发泄，犹之爆竹的遇火爆发。教师所命的题目，只是一条药线，如果诸君是平日储备着火药的，遇到火就会爆发起来，感到一种郁积发泄的愉快，若自己平日不随处留意，临时又懒去搜集，火药一无所有，那么，遇到题目，只能就题目随便勉强敷衍几句，犹之不会爆发的空爆竹，虽用火点着了药线，只是"刺"的一声，把药线烧毕就完了。"写作些什么"的"什么"，无论自由写作，或命题写作，只靠临时搜集，是不够的。最好是预先多方注意，从读过的书里，从见到的世相里，从自己的体验里，从朋友的谈话里，广事吸收。或把它零零碎碎地记入笔记册中，以免遗忘，或把它分了类，各各装入头脑里，以便触类旁通。

第一部分 —— 文体写作

第一章　叙事

第四章　状物

第五章　议论

第六章 说明

经典范文 / 082

图画——蔡元培

中国画家自临摹旧作入手。西洋画家自描写实物入手。故中国之画，自肖像而外，多以意构。虽名山水之画，亦多以记忆所得者为之。

大师课堂 / 086

第七章　散文

经典范文　/098

春愁——章衣萍

都说是春光来了，但这样荒凉寂寞的北京城，何曾有丝毫春意！遥念故乡江南，此时正桃红柳绿，青草如茵。

大师课堂　/104

第八章　日记

经典范文　/116

马上日记（节选）——鲁迅

上午，得霁野从他家乡寄来的信，话并不多，说家里有病人，别的一切人也都在毫无防备的将被疾病袭击的恐怖中；末尾还有几句感慨。

大师课堂　/119

第九章　书信

傅雷家书（节选）——傅雷

园丁以血泪灌溉出来的花朵迟早得送到人间去让别人享受，可是在离别的关头怎么免得了割舍不得的情绪呢？

第十章　游记

松堂游记——朱自清

上了车，一路树木带着宿雨，绿得发亮，地下只有一些水塘，没有一点尘土，行人也不多。又静，又干净。

第十一章 诗歌

我的记忆是忠实于我的，忠实甚于我最好的友人……在一切有灵魂没有灵魂的东西上，它在到处生存着，像我在这世界一样。

第十二章　创意想象

第二部分——通用技巧

树立写作观

正确运用技巧

找准得分点

掌握精进诀窍

第一部分

文体写作

第一章

叙事

独有这一件小事，却总是浮在我眼前，有时反更分明，教我惭愧，催我自新，并且增长我的勇气和希望。

一件小事

·鲁迅·

我从乡下跑进城里，一转眼已经六年了。其间耳闻目睹的所谓国家大事，算起来也很不少；但在我心里，都不留什么痕迹，倘要我寻出这些事的影响来说，便只是增长了我的坏脾气——老实说，便是教我一天比一天的看不起人。

但有一件小事，却于我有意义，将我从坏脾气里拖开，使我至今忘记不得。

这是"民国"六年的冬天，北风刮得正猛，我因为生计关系，不得不一早在路上走。一路几乎遇不见人，好不容易才雇定了一辆人力车，叫他拉到 S 门去。不一会，北风小了，路上浮尘早已刮净，剩下一条洁白的大道来，车夫也跑得更快。刚近 S 门，忽而车把上带着一个人，慢慢地倒了。

跌倒的是一个老女人，花白头发，衣服都很破烂。伊^①从马路边上突然向车前横截过来；车夫已经让开道，但伊的破棉背心没有上扣，微风吹着，向外展开，所以终于兜着车把。幸而车夫早有点停步，否则伊定要栽一个大跟斗，跌到头破血出了。

伊伏在地上；车夫便也立住脚。我料定这老女人并没有伤，又没有别人看见，便很怪他多事，要是自己惹出是非，也误了我的路。

我便对他说："没有什么的。走你的罢！"

车夫毫不理会，——或者并没有听到，——却放下车子，扶那老女人慢慢起来，搀着臂膊立定，问伊说：

"你怎么啦？"

"我摔坏了。"

---

① 伊：此处表第三人称，相当于"他"或"她"。五四运动前后有文学作品中用"伊"专指女性。

　　我想，我眼见你慢慢倒地，怎么会摔坏呢，装腔作势罢了，这真可憎恶。车夫多事，也正是自讨苦吃，现在你自己想法儿去。

　　车夫听了这老女人的话，却毫不踌躇，搀着伊的臂膊，便一步一步地向前走。我有些诧异，忙看前面，是一所巡警分驻所，大风之后，外面也不见人。这车夫扶着那老女人，便正是向那大门走去。

　　我这时突然感到一种异样的感觉，觉得他满身灰尘的后影，霎时高大了，而且愈走愈大，须仰视才见。而且他对于我，渐渐地又几乎变成一种威压，甚而至于要榨出皮袍下面藏着的"小"来。

　　我的活力这时大约有些凝滞了，坐着没有动，也没有想，直到看见分驻所里走出一个巡警，才下了车。

　　巡警走近我说："你自己雇车罢，他不能拉你了。"

　　我没有思索地从外套袋里抓出一大把铜元，交给巡警，说："请你给他……"

　　风全住了，路上还很静。我一路走着，几乎怕想到我自己。以前的事姑且搁起，这一大把铜元又是什么意思，奖他吗？我还能裁判车夫吗？我不能回答自己。

这事到了现在，还是时时记起。我因此也时时煞了苦痛，努力地要想到我自己。几年来的文治武力，在我早如幼小时候所读过的"子曰诗云"一般，背不上半句了。独有这一件小事，却总是浮在我眼前，有时反更分明，教我惭愧，催我自新，并增长我的勇气和希望。

一九二〇年七月

鲁迅 原名周樟寿，后改名周树人，原字豫山，后改字豫才。著名文学家、思想家、革命家、民主战士，中国现代文学的奠基人之一，新文化运动的重要参与者。主要作品有小说集《呐喊》《彷徨》《故事新编》，散文集《朝花夕拾》，散文诗合集《野草》，等等。

《一件小事》是鲁迅于1919年创作的作品，收录于小说集《呐喊》中，文末的"一九二〇年七月"可能是收入集子时作者的误记。本文篇幅短小精悍，内容影响深远，是中国现代文学史上最早把人力车工人作为主人公加以歌颂的作品，具有重要地位。

本文运用以小见大的写作手法，描写车夫无意中撞倒了一位老妇人，当时虽没人看到，车夫却没有逃避责任，他不顾雇主的催促，放弃生意去搀扶起老妇人，并把她送到巡警分驻所去做检查，这体现了普通劳动者淳厚正直、淳朴善良、勇于担当的高尚品质。

本文还运用了对比手法，将车夫和作为雇主的"我"对同一事件的不同态度进行对照，并且以"我"的前后思想变化做对比，显露出"我"的自私、渺小，映衬出车夫的勤劳善良、关心他人的高大形象，表达了作者对于底层劳动人民的赞美敬佩之情。

什么是叙事文——章衣萍

叙事文是记述人或物的动作和变迁的。但作者或根据（原文跟诸）直接观察的经验，或根据传闻的想象。材料的来源不同，则作者的地位各异。叙事文的写法，依作者的地位，可分为三种：

主动的写法

主动的写法，是以作者自己为主体来描写的。一切自传的文字可以说多数是主动的写法。例如《弗兰克自传》，卢梭的《忏悔录》等书以自己为主体来叙述，都可以说是主动的写法。主动的写法可以称为个人的写法。以自己为主体的文章，根据自己的经验，比较容易做，而且容易做得好。

被动的写法

被动的写法，是以传闻或想象的人物为主体的，作者处于被动的地位。这个写法比较难。被动的写法，贵于"设身处地"。在历史、笔记的传说中，这类写法很多。但写得好的，也可以活灵活现，历历如绘，这就是作者的技巧问题。

客观的描写法

客观的描写法即"非个人的描写法"。纯客观的描写法，不独在叙述文方面用得很多，古来的叙事诗、民歌也很多是用客观的方法描写的。例如古诗《孔雀东南飞》，杜甫的《石壕吏》，白居易的《长恨歌》等皆是。欧洲古代荷马的伟大史诗《奥德赛》与《伊利亚特》，也是客观的描写。《水浒传》的作者施耐庵虽不知道是什么人，但他写一百零八个好汉，以及书中许多闲杂人物，也纯用客观的描写。客观的描写法不加入作者的一句意见和议论。

▌怎样写透一件事——老舍

关于这一项，分三段来说吧。

写自己真知道的事，不写自己不知道的事

一个学生不写学生的生活，而在报纸上找些婚姻法宣传资料去写，一定写不出什么名堂来。写东西非有生活不可。不管文字多么好，技巧多么高，也写不出自己不知道的事情。

这样，写作范围不就太小了吗？只要写得深刻，范围小点没有什么关系。伟大的作家的确能够写出许多不同的人物，好多不同的事情，可是咱们现在的目的是先写好一件事，还不能希望马上成为伟大的作家。不怕写得少，就怕写不好。写出十几句话的一首好歌，风行全国，到处起到很大的鼓舞作用，功劳也不小啊！

抱定一个题目写，不要一会儿一换

初学写作的人往往有这个困难：很高兴地看中了一件事，打算用它写成一篇小说或戏剧。可是，一动笔，才写了几句就写不下去了！这是怎么一回事呢？这有许多不同的原因，其中最常遇见的一个是我们只看见了事情的表面，而没看见它的根儿，所以写了几句就搁下笔，怪扫兴的。我们不应当这么容易动摇，而应当深入地去挖那件事的根儿，养成我们对事事物物要刨根问底的习惯。等到咱们挖到事情的根儿上，你会发现热闹的事也许原来很简单，简单的事儿也许并不那么简单。事情的根儿就是问题所在。

找到问题，咱们的心里可就透亮多了。原来这件热闹的事并没有什么了不起，问题很简单哪；原来那件简单的事倒不应当轻视，问题不小呵。这样，咱们就不再被表面的现象迷惑住，也就容易判断出哪个值得写和哪个不值得写，不再冒冒失失地不管三七二十一拿笔就写，也就减少了因写不出而扫兴灰心的毛病。

还有，看到了问题就得解决问题。这么一来呀，咱们的文章可就有头有尾，是个整的了。我们看问题，挖问题，而后解决问题，我们就能写出相当好的作品来。不抱住一个问题挖到底，而随便今天试试这个，明天试试那个，必至一无所成。

能抓住问题就不至于千篇一律了

一个问题怎么来的和怎么解决的，必与别的问题的来龙去脉不同。同一样的问题又因为人物的性格不同，时间不同，而有特点。我们要细心地看，看问题、看人物、看地点、看时间，把有关的事物都看了，自然会写出一篇与众不同的东西来。

▎怎样布局文章结构——章衣萍

结构的意义，就是组织，或是编织。正如织花缎的人，应该先有了花样，然后这样一线一线去织。有了中心思想的人，应该想如何用文字把这个中心思想写了出来，由句而成段，由段而成篇，段段相连，句句相连，这一篇文章中的段与段、句与句的连接，就是结构。

善于作文的人，应该知道一篇文章有一篇文章的结构方法。有的直接说起，有的间接说起，有的从正面说起，有的从反面说起。一篇文章有一篇文章的中心思想，一篇文章有一篇文章的结构去表现这个中心思想。古人所谓"文成法立，文无定法"，本来也是有所感而言的。

但是，结构虽无一定的通例，却有一定的通则。什么是结构的通则呢？简单说起来，有以下数事：

统一

统一的意义就是一致。在结构中一致是很重要的。一个人的行为前后不一致，便是一个虚伪的人；一篇文章的词语意义前后不一致，便是一篇坏文章。一篇好的文章正同一个强健人的身体一般，五官四肢，全身血脉，莫不统一，成为一个完全的有机体。做叙事文的人若不讲求记载上的统一，则如一个学生做一篇《西湖游记》，忽而扯到上海的热闹、繁华，南京的豆腐干丝如何好吃，自己忘记了是在西湖，读的人也将莫名其妙了。但有了结构上的统一，则百变而不离其宗，如百川汇海，源源皆通。正如苏洵恭维欧阳修的文章，说他："纡余委备，往复百折，而条达疏畅，无所间断；气尽语极，急言竭论，而容与闲易，无艰难劳苦之态。"这就是统一的好处！古往今来的大作家作品，没有一个不讲求结构的统一的。

平均

平均的意义就是各部分匀称。一个人若是头大身小，手长腿短，便成为畸人；一篇文章若是头大尾小，前后不匀，便成为劣文。正如韩愈的《送孟东野序》、苏东坡的《潮州韩文公庙碑》虽为绝世妙文，后人尚讥为"虎头蛇尾"，因为文章的起始与结尾不相称。中国的有名小说，也有犯了不平均的毛病的。如《水浒传》写武松、鲁智深何等动人，但后来写卢俊义、燕青便成笨伯了。不相称的毛病是作者的精神不能前后贯注所致。所以在结构上，平均是重要的通则。

联结

一篇文章是积段而成的，段是积句而成的。段段相连，句句相接，才是好文章。我们徽州有句骂人的话，说："你这人上气不接下气了！""上气不接下气"的人是有病的人，快要死了；"上气不接下气"的文章是一篇有病的文章，该打手心的。但联结有种种不同：有总合的，有分开的，有错综的，有解剖的。千变万化，方法不同。如作长篇小说宜于用错综的法子，短篇小说宜于用解剖的法子。又初学者作文宜段落分明，平铺直叙，易于联结。

无论任何好的文章，没有能逃出上面三种简单的结构通则的。虽然作文人的性情不同，思想不同，用字造句的习惯不同，结构方面，自然也有特别的布置的地方。善作文的人自然能随机应变，但初学作文的人应该从结构简单入手，文章做得熟了，自然会走入艺术的道路上去的——但违反上面三条通则的人，绝不会做出好文章来的！

第二章

写

人

那几角工钱，老头子并没有放入衣袋，仍呈在他的手上，他借着离得很远的门灯在考察钱数。

小偷、车夫和老头

·萧红·

　　那几角工钱，老头子并没有放入衣袋，仍呈在他的手上，他借着离得很远的门灯在考察钱数。

　　木柈 ① 车在石路上发着隆隆的重响。出了木柈场，这满车的木柈使老马拉得吃力了！但不能满足我，大木柈堆对于这一车木柈，真像在牛背上拔了一根毛，我好像嫌这柈子太少。

――――――――――

　　①　木柈（bàn），指劈开的木柴。

"丢了两块木柈哩！小偷来抢的，没看见？要好好看着，小偷常偷柈子……十块八块木柈也能丢。"

我被车夫提醒了！觉得一块木柈也不该丢，木柈对我才恢复了它的重要性。小偷眼睛发着光又来抢时，车夫在招呼我们：

"来了啊！又来啦！"

郎华招呼一声，那竖着头发的人跑了！

"这些东西顶没有脸，拉两块就得了吧！贪多不厌，把这一车都送给你好不好？……"打着鞭子的车夫，反复地在说那个小偷的坏话，说他贪多不厌。

在院心把木柈一块块推下车来，那还没有推完，车夫就不再动手了！把车钱给了他，他才说："先生，这两块给我吧！拉家去好烘火，孩子小，屋子又冷。"

"好吧！你拉走吧！"我看一看那是五块顶大的他留在车上。

这时候他又弯下腰，去弄一些碎的，把一些木皮扬上车去，而后拉起马来走了。但他对他自己并没说贪多不厌，别的坏话也没说，跑出大门道去了。

只要有木柈车进院，铁门栏外就有人向院里看着问："柈子拉（锯）不拉？"

那些人带着锯，有两个老头也扒着门扇。

这些桦子就讲妥归两个老头来锯，老头有了工作在眼前，才对那个伙伴说："吃点吗？"

我去买面包给他们吃。

桦子拉完又要送到桦子房去。整个下午我不能安定下来，好像我从未见过木桦，木桦给我这样的大欢喜，使我坐也坐不定，一会跑出去看看。最后老头子把院子扫得干干净净的了！这时候，我给他工钱。

我先用碎木皮来烘着火。夜晚在三月里也是冷一点，玻璃窗上挂着蒸气。没有点灯，炉火颗颗星星地发着爆炸，炉门打开着，火光照红我的脸，我感到例外的安宁。

我又到窗外去拾木皮，我吃惊了！老头子的斧子和锯都背好在肩上，另一个背着架桦子的木架，可是他们还没有走。这许多的时候，为什么不走呢？

"太太，多给了钱啦？"

"怎么多给的！不多，七角五分不是吗？"

"太太，吃面包钱没有扣去！"那几角工钱，老头子并没放入衣袋，仍呈在他的手上，他借着离得很远的门灯在考察钱数。

我说："吃面包不要钱，拿着走吧！"

"谢谢，太太。"感恩似的，他们转过身走去了，觉得吃面包是我的恩情。

我愧得立刻心上烧起来，望着那两个背影停了好久，羞恨得眼泪就要流出来。已经是祖父的年纪了，吃块面包还要感恩吗？

萧红　原名张廼莹，笔名萧红、悄吟、玲玲、田娣等。中国近现代女作家，民国"四大才女"之一，被誉为"二十世纪三十年代的文学洛神"。主要作品有《生死场》《弃儿》《马伯乐》《呼兰河传》等。

这篇文章创作于 1935 年，收录于散文集《商市街》中。

本文描写了一个鲜明、丰富的旧时代车夫形象。车夫是世故、精明的，又是狡猾、贪婪的，这在他提到小偷的时候和讨要木样的时候就能看出。而最后车夫以为"我"多给了钱，却不敢贸然来问，又呈现出了人物的诚实、本分。

文中的"我"虽然处境艰难，却竭力帮助其他穷苦人，在受到老车夫的感恩时，反而羞愧自责，表现出人物的悲悯情怀。本文短小精悍，虽不足千言，内容却深刻隽永。作者以自己亲身经历的事件入手，赋予作品强烈的生命力，表达了作者对生命的深切关怀。

▌人物怎么写——老舍

我们写作时，首先要想到人物，然后再安排故事，想想让主人公代表什么，反映什么，用谁来陪衬，以便突出这个人物。一定要根据人物的需求来安排事件，事随人走；不要叫事件控制着人物。譬如，关于洋车夫的生活，我很熟悉，因为我小时候很穷，接触过不少车夫，知道不少车夫的故事，但那时我并没有写《骆驼祥子》的意图。有一天，一个朋友和我聊天，说有一个车夫买了三次车，丢了三次车，以至悲惨地死去。这给我不少启发，使我联想起我所见到的车夫，于是，我决定写旧社会里一个车夫的命运和遭遇，把事情打乱，根据人物发展的需要来写，写成了《骆驼祥子》。

写作时一定要多想人物，常想人物。选定一个特点去描写人物，如说话结巴，这是肤浅的表现方法，主要的是应赋予人物性格特征。先想他会干出什么来，怎么个干法，有什么样的胆识，而后用突出的事件来表现人物，展示人物性格。《三国演义》中，诸葛亮死了还吓了司马懿一大跳，这当然是作者有意安排上去的，目的就是为了丰富诸葛亮这个人物。《林海雪原》里的白茹没写得十分好，这恐怕是曲波同志对女同志还了解得不多的缘故。因此不必要的、不熟悉的就不写，不足以表现人物性格的不写。贪图表现自己知识丰富，力求故事多，那就容易坏事。

刻画人物要注意从多方面来写人物性格。如写地主，不要光写他凶残的一面，把他写得像个野兽，也要写他伪善的一面，写他的生活、嗜好、习惯、对不同的人不同的态度……多方面写人物的性格，不要小胡同里赶猪——直来直去。

当你写到戏剧性强的地方，最好不要写他的心理活动，而叫他用行动说话，来表现他的精神面貌。如果在这时候加上心理描写，故事的紧张就马上迟缓下来。《水浒传》上的鲁智深、石秀、李逵、武松等人物的形象，往往用行动说话来表现他们的性格和精神面貌，这个写法是很高明的。

▍人物描写的两种类型——老舍

人物描写可以分外面、内面两部分来说。外面指见于外的一切而言，内面指不可见的心理状态而言。

外面描写包含着状貌、服装、表情、动作、言语、行为、事业等等的描写。我们在写一篇描写人物的文章的时候，对于这许多项目决不能漫无选择，把所有见到的都写进去。我们总得拣印象最深的来写。状貌方面的某几点是其人的特点；服装方面的某几点足以表示其人的风度；在某一种情境中，哪一些表情和动作、哪几句言语正显出其人的品格；在一段或者全部生活中，哪一些行为和事业足以代表其人的生平。抓住了这些写出来，就不是和甲和乙都差不多的一个人，而是活泼生动的某一个人了。

内面描写就是所谓心理描写。心理和表现于外的一切实在是分不开来的：表现于外的一切都根源于内面的心理。他人内面的心理无从知道，我们只能知道自己内面的心理。但我们可以从自身省察，知道内面和外面的关系。根据这一点，我们看了他人的外面，也就可以推知他的内面。人物的心理描写既以作者的自身省察为依据，所以省察功夫欠缺的人难得有很好的心理描写。

心理描写有时候就借用外面描写。换一句话，就是单就文字看，固然是外面描写，但仔细吟味起来，那些外面描写即所以描写其人的心理。如《背影》里的"扑扑衣上的泥土，心里很轻松似的。过一会儿说：'我走了，到那边来信！'……他走了几步，回过头看见我，说：'进去吧，里边没人。'"就是一个例子。这几句都是外面描写，可是把一位父亲舍不得和儿子分别的心理完全描写出来了。

如何在有限的字数中塑造好人物——老舍

在一篇短篇小说里或一篇短剧里，没法子装下一个很复杂的故事。人物只能做有限的事，说有限的话。为什么做那点事、说那点话呢？怎样做那点事、说那点话呢？这可就涉及人物的全部生活了。只有我们熟悉人物的全部生活，我们才能够形象地、生动地、恰如其分地写出人物在这个小故事里做了什么和怎么做的，说了什么和怎么说的。通过这一件事，我们表现出一个或几个形象完整的人物来。只有这样的人物才会做出这样的一点事，说出这样的一点话。我们必须去深刻地了解人。知道他的十件事，而只写一件事，容易成功。只知道一件，就写一件，很难写出人物来。

在我的几篇较好的短篇小说里，我都用的是预备写长篇的资料。因为没有时间写长篇，我往往从预备好足够写一二十万字的小说里抽出某一件事，写成只有几千字的短篇。这样的短篇，虽然故事简单，人物不多；可是，对人物的一切，我已想过多少次。于是，人物的一举一动，一言一语，都能够表现他们的不同的性格与生活经验。我认识他们。

我本来是想用一二十万字从生活各方面描写他们的。

篇幅虽短，人物可不能折扣！在长篇小说里，我们可以从容地、有头有尾地叙述一个人物的全部生活。在短篇里，我们是借着一个简单的故事，生活中的一个片段，表现出人物。我们若是知道一个人物的生活全部，就必能写好他的生活的一个片段，使人看了相信：只有这样一个人，才会做出这样的一些事。虽然写的是一件事，可是能够反映出人物的全貌。

第三章

写　景

一方的异彩，揭去了满天的
睡意，唤醒了四隅的明霞 —— 光
明的神驹，在热奋地驰骋……

泰山日出

·徐志摩·

振铎来信要我在《小说月报》的"泰戈尔号"上说几句话。我也曾答应了，但这一时游济南游泰山游孔陵，太乐了，一时竟拉不拢心思来做整篇的文字，一直挨到现在期限快到，只得勉强坐下来，把我想得到的话不整齐地写出。

——小序

我们在泰山顶上看出太阳。在航过海的人，看太阳从地平线下爬上来，本不是奇事；而且我个人是曾饱饫过江海与印度洋无比的日彩的。但在高山顶上看日出，尤其在泰山顶上，我们无餍①的好奇心，当然盼望一种特异的境界，与平原或海上不同的。果然，我们初起时，天还暗沉沉的，西方是一片的铁青，东方些微有些白意，宇宙只是——如用旧词形容——一体莽莽苍苍②的。但这是我一面感觉劲烈的晓寒，一面睡眼不曾十分醒豁时约略的印象。等到留心回览时，我不由得大声地狂叫——因为眼前只是一个见所未见的境界。原来昨夜整夜暴风的工程，却砌成一座普遍的云海。除了日观峰与我们所在的玉皇顶以外，东西南北只是平铺着弥漫的云气，在朝旭未露前，宛似无量数厚毳长绒的绵羊，交颈接背地眠着，卷耳与弯角都依稀辨认得出。那时候在这茫茫的云海中，我独自站在雾霭溟蒙③的小岛上，发生了奇异的幻想——

我躯体无限地长大，脚下的山峦比例我的身量，只是一

---

① 无餍：同"无厌"。意思是不能满足。
② 莽莽苍苍：古代用语，形容头发灰白。后用来形容景色迷茫的样子。
③ 雾霭溟蒙：雾气模糊不清。

块拳石；这巨人披着散发，长发在风里像一面墨色的大旗，飒飒地在飘荡。这巨人竖立在大地的顶尖上，仰面向着东方，平拓着一双长臂，在盼望，在迎接，在催促，在默默地叫唤；在崇拜，在祈祷，在流泪——在流久慕未见而将见悲喜交互的热泪……

这泪不是空流的，这默祷不是不生显应的。

巨人的手，指向着东方——

东方有的，在展露的，是什么？

东方有的是瑰丽荣华的色彩，东方有的是伟大普照的光明出现了，到了，在这里了……

玫瑰汁、葡萄浆、紫荆液、玛瑙精、霜枫叶——大量的染工，在层累的云底工作；无数蜿蜒的鱼龙，爬进了苍白色的云堆。

一方的异彩，揭去了满天的睡意，唤醒了四隅^①的明霞——

光明的神驹，在热奋地驰骋……

---

① 四隅：四角。

云海也活了；眠熟了兽形的涛澜，又回复了伟大的呼啸，昂头摇尾地向着我们朝露染青馒形的小岛冲洗，激起了四岸的水沫浪花，震荡着这生命的浮礁，似在报告光明与欢欣之临莅^①……

再看东方——海句力士已经扫荡了他的阻碍，雀屏似的金霞，从无垠的肩上产生，展开在大地的边沿。起……起……用力，用力。纯焰的圆颅，一探再探地跃出了地平，翻登了云背，临照在天空……

歌唱呀，赞美呀，这是东方之复活，这是光明的胜利……

散发祷祝^②的巨人，他的身彩横亘在无边的云海上，已经渐渐地消翳在普遍的欢欣里；现在他雄浑的颂美的歌声，也已在霞采变幻中，普彻了四方八隅……

听呀，这普彻的欢声；看呀，这普照的光明！

这是我此时回忆泰山日出时的幻想，亦是我想望泰戈尔来华的颂词。

---

① 临莅：来到，来临。
② 祷祝：向神祷告祝愿，求神赐福。

徐志摩 原名章垿，字槱森，留学美国时改名志摩。现代诗人、散文家。新月派代表诗人，新月诗社成员。主要作品有《再别康桥》《翡冷翠的一夜》等。

　　本文是徐志摩以"泰山日出"隐喻泰戈尔的文学创作和来华访问，表达了诗人对泰戈尔的敬仰和赞美。虽是匆促成章，也掩盖不住作者的才思。徐志摩对泰山日出奇伟景观的描写，结合自己的情感，使读者产生了很多联想和想象。

　　作为一个唯美主义的诗人和作家，徐志摩一直刻意追求散文的独特韵味。他善用多种修辞技巧来宣泄感情，营造意境，增强散文的艺术表现力。他的散文韵律谐和，比喻新奇，具有鲜明的艺术特点和浪漫气息。

　　象征与比喻是这篇散文中重要的表现手法。文章的艺术境界，通过象征手法创造出来，借以表现作者对理想的追求，对光明的渴望。如描写云海，是"整夜暴风的工程"。弥漫的云气，宛如"无量数厚毳长绒的绵羊，交颈接背地眠着，卷耳与弯角都依稀辨认得出"。云层是"无数蜿蜒的鱼龙，爬进了苍白色的云堆"。通过象征的手法，将生气和灵性灌注于云层、云气，给人一种生命跃动的感觉。

本文中，作者还使用了排比、夸张的手法表达深刻的情感。例如"这巨人竖立在大地的顶尖上，仰面向着东方，平拓着一双长臂，在盼望，在迎接，在催促，在默默地叫唤；在崇拜，在祈祷，在流泪——在流久慕未见而将见悲喜交互的热泪……"，这段话既有排比的手法，又有夸张的手法，引发人无限的共鸣和思考。

▌写景应注意什么——老舍

　　写景不必一定用很生的字眼去雕饰，但须简单地暗示出一种境地。贪用生字与修辞是想以文字讨好，心中也许一无所有，而要专凭文字去骗人；许多写景的"赋"恐怕就是这种冤人的玩意。真本事是用几句浅显的话，写成一个景——不是以文字来敷衍，而是心中有物，且找到了最适当的文字。看莫泊桑的《归来》："海水用它那单调和轻短的浪花，拂着海岸。那些被大风推送的白云，飞鸟般在蔚蓝的天空斜刺里跑也似的经过；那村子在向着大洋的山坡里，负着日光。"一句话便把村子的位置说明白了，而且是多么雄浑有力：那村子在向着大洋的山坡里，负着日光。这是一整个的景，山，海，村，连太阳都在里边。我们最怕心中没有一种境地，而硬要配上几句，纵然用上许多漂亮的字眼，也无济于事。

心中有了一种境地，而不会捉住要点，枝节地去叙述，也不能讨好。这是写实的作家常爱犯的毛病。因为力求细腻，所以逐一描写，适足以招人厌烦——像巴尔扎克的《乡医》的开首那种描写。我们观察要详尽，不错；但是观察之后找不出一些意义来，便没有什么用处。一个地方的邮差比谁知道的街道与住户也详细吧，可是他未必明白那个地方。详细地观察，而后精确地写述，只是一种报告而已。文艺中的描绘，须使读者身入其境地去"觉到"。我们不能只拿读者当作旁观者，有时候也应请读者分担故事中人物的感觉；这样，读者才能深受感动，才能领会到人在景物中的动作与情感。

"比拟"是足以给人以鲜明印象的。普通的比拟，可是适足以惹人讨厌，还不如简单的直说。要用比拟，便须惊人；不然，就干脆不用。空洞的修辞是最要不得的。在这里，我们应当提出"观察"这个字，加以解释。一般地总以为观察便是要写山就去观山，要写海便去看海。这自然是该有的事，可是这还不够，我们须更进一步，时时刻刻地留心，对什么也感到趣味；然后到写作的时候，才能把不相干的东西联想到一处，而创作出顶好的比喻。写一件事需要一千件事做底子，因为一个人的鼻子可以像一头蒜，林中的小果在叶儿一动光儿一闪之际可以像个猛兽的眼睛，作家得上自绸缎，下至葱蒜，都预备好呀！

▌怎样让景物"说话"——老舍

它们不会说话，我们用自己的语言替它们说话。杜甫写过这么一句："塞水不成河"。这确是塞外的水，不是江南的水。塞外的荒沙野水，往往流不成河。这是经过诗人仔细观察，提出特点，成为诗句的。

塞水没有自己的语言。"塞水不成河"这几个字是诗人自己的语言。这几个字都很普通，不过，经过诗人这么一运用，便成为一景，非常鲜明。可见只要仔细观察，抓到不说话的东西的特点特质，就可以替它们说话。没有见过塞水的，写不出这句诗来。我们对一草一木，一泉一石，都须下功夫观察。找到了它们的特点特质，我们就可以用普通的话写出诗来。光记住一些"柳暗花明""桃红柳绿"等泛泛的话，是没有多大用处的。泛泛的辞藻总是人云亦云，见不出创造本领来。用我们自己的话道出东西的特质，便语出惊人，富有诗意。这就是连东西带话一齐来的意思。

杜甫还有这么一句："月是故乡明"。这并不是月的特质。月不会特意照顾诗人的故乡，分外明亮一些。这是诗人见景生情，因怀念故乡，而把这个特点加给了月亮。我们并不因此而反对这句诗。我们反倒觉得它颇有些感染力。这是另一种连人带话一齐来。"塞水不成河"是客观的观察，"月是故乡明"是主观的情感。诗人不直接说出相思之苦，而说故乡的月色更明，更亲切，更可爱。我们若不去揣摩诗人的感情，而专看字面儿，这句诗便有些不通了。

是的，我们学习语言，不要忘了观察人，观察事物。有时候，见景生情，还可以把自己的感情加到东西上去。我们了解了人，才能了解他的话，从而学会以性格化的话去表现人。我们了解了事物，找出特点与本质，便可以一针见血地状物绘景，生动精到。人与话，物与话，须一齐学习，一齐创造。

第四章

状物

船头上站立着一排士兵似的鹈鹕，灰黑色的，喉下有一大囊鼓突出来。渔人不知怎样地发了一个命令，这些水鸟们便都扑扑地钻没入水面以下去了。

鹈鹕与鱼

·郑振铎·

夕阳的柔红光，照在周围十余里的一个湖泽上，没有什么风，湖面上绿油油的，像一面镜似的平滑。一望无垠的稻田。垂柳松杉，到处点缀着安静的景物。有几只渔舟，在湖上碇泊着。渔人安闲地坐在舵尾，悠然地在吸着板烟。船头上站立着一排士兵似的鹈鹕，灰黑色的，喉下有一大囊鼓突出来。渔人不知怎样地发了一个命令，这些水鸟们便都扑扑地钻没入水面以下去了。

湖面被冲荡成一圈圈的粼粼小波。夕阳光随着这些小波浪在跳跃。

鹈鹕们陆续地钻出水来，上了船。渔人忙着把鹈鹕们喉囊里吞装着的鱼，一只只地用手捏压出来。

鹈鹕们睁着眼望着。

平野上炊烟四起，袅袅地升上晚天。

渔人捡着若干尾小鱼，逐一地抛给鹈鹕们吃，一口便咽了下去。

提起了桨，渔人划着小舟归去。湖面上刺着一条水痕。鹈鹕们士兵似的齐整地站立在船头。

天色逐渐暗了下去。湖面上又平静如恒。

这是一幅很静美的画面，富于诗意，诗人和画家都要想捉住的题材。

但隐藏在这静美画面之下的，却是一个残酷可怖的争斗，生与死的争斗。

在湖水里生活着的大鱼小鱼们看来，渔人和鹈鹕们都是敌人，都是蹂躏它们，致它们于死的敌人。

但在鹈鹕们看来，究竟有什么感想呢？

鹈鹕们为渔人所喂养，发挥着他们捕捉鱼儿的天性，为渔人干着这种可怖的杀鱼的事业。它们自己所得的却是那么微小的酬报！

当它们兴高采烈地钻没入水面以下时，它们只知道捕捉，吞食，越多越好。它们曾经想到过：钻出水面，上了船头时，它们所捕捉、所吞食的鱼儿们依然要给渔人所逐一捏压出来，自己丝毫不能享用的么？

它们要是想到过，只是作为渔人的捕鱼的工具，而自己不能享用时，恐怕它们便不会那么兴高采烈地在捕捉、在吞食罢。

渔人却悠然地坐在船艄，安闲地抽着板烟，等待着鹈鹕们为他捕捉鱼儿。一切的摆布，结果，都是他事前所预计着的。难道是"命运"在播弄着的么，渔人总是在"收着渔人之利"的；鹈鹕们天生地要为渔人而捕捉、吞食鱼儿；鱼儿们呢，仿佛只有被捕捉、被吞食的份儿，不管享用的是鹈鹕们或是渔人。

郑振铎　字西谛，笔名有郭源新、落雪、西谛等。中国现代杰出爱国主义者和社会活动家、作家、诗人、学者、文学评论家、文学史家、翻译家、艺术史家，也是著名的收藏家、训诂家。主要作品有《猫》《我是少年》，译著有《飞鸟集》《新月集》等。

本文选自作者在抗战胜利后完成的一本回忆性散文集《蜇居散记》，揭露了反动当局特务政治的黑暗。

文章开始用优美的语言描绘了一幅恬静、安详的渔舟晚归图。但作者有感于现实社会的黑暗残酷，看到的是鱼被吞食、鹈鹕被利用捕捉鱼，渔民坐收渔利。

本文寓意深刻，表现了反动黑暗势力效法喂养鹈鹕的方法豢养爪牙，"鹈鹕们"执迷不悟，在主子的指挥下做了许多坏事。本文的语言，时而平淡舒缓，时而慷慨激愤，给人留下了深刻的印象。全篇手法丰富多彩，堪称佳作。

文字的生动与简劲——高语罕

生动

文字固然要写得漂亮，就和人要漂亮一样，但是光是漂亮，内里没有真正的生命力，那也不过是一架装潢得很好的活机器而已，它本身并没有什么生命力，而它的动作行为也就好像是一个绣花枕头一样；或是像一个富贵人家的公子哥儿一样，他懂得应对进退；或是像一个学生会里好出风头的代表一样，他惯于说几句漂亮话，其实都只是表面，纵或有它的内容，但这种内容也禁不起人家的追求，因为稍一追求，它的漂亮便成了索然寡味的空壳。所以，我们除了漂亮之外，还要使文字具有一种生动的质力。现在我们要问，怎样才谓之生动呢？

譬如，说一件事情，能把作者对于这件事的意见或把他人的心思、他的深处掘发出来，活泼泼地跃然纸上，无论善与恶、美与丑，都具有它的全部生命，从他的笔端透露到我们的眼底，打进了我们的心坎，这就叫做"生动"。

简劲

许多人做文章，喜欢拉长篇幅，敷衍成文。本来几行就可写了的，他可把它说一大篇。本来几句就说了的，他竟把它写成多少行，这叫作"冗"。就是说，不应长而长的东西，是多余的长度。好比人穿衣服，本来三尺八寸的袍子正合身，然而裁缝司务却把它做成四尺长，不但无用，而且有害，因为不但显得难看，并且使他行动不便。冗长的文字也是这样，不但使本文的好的部分显得无精打采，反引起读者许多厌恶和烦倦的心理。要医这个病，只有反其道而行之，那就是"简劲"。能简斯有"劲"，故谓之"简劲"。所谓"简"，就是凡于一句话说了的，绝不用两句话；凡于一个字说了的，绝不用两个字。

▌ 创作的"三宝"——许地山

所谓创作"三宝"不是我的创意，从前西欧的文学家也曾主张过。我很赞许创作有这三种宝贝，所以要略略地将自己的见解陈述一下。

智慧宝

创作者个人的经验，是他的作品的无上根基。他要受经验的默示，然后所创作的方能有感力达到鉴赏者那方面。他的经验，不论是由直接方面得来，或者由间接方面得来，只要从他理性的评度，选出那最玄妙的段落——就是个人特殊的经验有裨益于智慧或见识的片段——描写出来。这就是创作的第一宝。

人生宝

创作者的生活和经验既是人间的，所以他的作品需含有人生的元素。人间生活不能离开道德的形式。创作者所描写的纵然是一种不道德的事实，但他的笔力要使鉴赏者有"见不肖而内自省"的反感，才能算为佳作。即使他是一位神秘派、象征派，或唯美派的作家，他也需将所描那些虚无缥缈的，或超越人间生活的事情化为人间的，使之和现实或理想的道德生活相表里。这就是创作的第二宝。

美丽宝

美丽本是不能独立的，它要有所附丽才能充分地表现出来。所以要有乐器、歌喉，才能表现声音美；要有光暗、油彩，才能表现颜色美；要有绮语、丽词，才能表现思想美。若是没有乐器、光暗、言文等，那所谓的美就无着落，也就不能存在。单纯的文艺创作——如小说、诗歌之类——的审美限度只在文字的组织上头；至于戏剧，非得具有上述三种美丽不可。因为美有附丽的性质，故此，列它为创作的第"三宝"。

虽然，这"三宝"也是不能彼此分离的。一篇作品，若缺乏第二、第三宝，必定成为一种哲学或科学的记载；若是只有第二宝，便成为劝善文；只有第三宝，便成为一种六朝式的文章。所以我说这"三宝"是三实一，不能分离。换句话说，这就是创作界的三位一体。

▌ 以月亮为例——姜建邦

月亮是中国文人最喜欢欣赏的。诗人李白就是代表，"举杯邀明月，对影成三人"，在这里他感到人生最大的快乐。

月亮之所以受人欢迎，是因为它给我们几个联想，我们看见了明月，就会联想到一些事，在这种场合下便产生了许多文学作品。

月亮兴起家的联想

李白的"举头望明月，低头思故乡"，是人人背得出的。卢纶的"三湘衰鬓逢秋色，万里归心对月明"，也是人人熟悉的。我们常以月圆象征家人的团圆，所以中秋节，家人团聚赏月，是中国人最快乐的日子。如果此时寄身在外，也最容易思乡。"游子无佳节，月圆人不圆"，是一种难堪的精神痛苦。

一首最著名的英文歌曲《家，甜蜜的家》（*Home, Sweet Home*）里，也说到月亮，作者把家、母亲、茅屋和月亮，说在一起，无怪在歌唱的时候，要生思家病了。

I gaze on the moon as I tread the drear wild,

And feel that my mother now thinks of her child,

As she looks on that moon from our own cottage door,

Though the wood-bine whose fragrance shall cheer me no more.

Home, home. Sweet, sweet home.

Oh, there´s no place like home, oh, there´s no place like home! ①

---

① 其歌词大意是：
当我走在冷落的旷野，总抬头望明月，
遥想我那慈爱的母亲，盼游子心切切。
此刻也站在茅屋门前，望月儿盈又缺，
我多盼望在她身边，吻故乡的花和叶。
家，家，我甜蜜的家，
再没有一处地方，能胜过自己的家。

月亮兴起友人的联想

看见明月，想起知友，此时此情，很容易使文人的笔下产生美好的诗文。欧阳修的词《生查子·元夕》就是代表：

去年元夜时，花市灯如昼。月上柳梢头，人约黄昏后。今年元夜时，月与灯依旧。不见去年人，泪湿春衫袖。

清代诗人李佩金也有类似的词：

玲珑花里月，知否人间别？一样去年秋，如何几样愁！

其余像王梦鸾的"夜静月明人不见，自家歌与自家听"；赵嘏的"同来玩月人何在？风景依稀似去年"；李后主的"故国不堪回首月明中"等句，都有同样的联想。

月兴起美的联想

谈起月亮，往往联想到美的故事，像嫦娥奔月、月下老人、月宫银光世界等。中国诗词里常称月亮为玉兔、玉蟾、玉帘钩、冰轮、冰镜、白银盘、素娥、圆璧[①]、玉钩、蛾眉等，这些都是美丽的东西，因此月亮就更美了。

---

① 圆璧：此处应为"半璧"，喻弦月。

初生似玉钩，裁满如团扇。（虞羲咏秋月）

洞庭秋月生湖心，层波万顷如镕金。（刘禹锡咏月）

雪影半窗能共白，梅花千树只多香。（徐舫诗句）

直接描写月亮如同友人

白居易有一首诗说：

晓随残月行，夕与新月宿。

谁谓月无情，千里远相逐。

曹松也有一首诗说：

无云世界秋三五，共看蟾盘上海涯。

直到天头天尽处，不曾私照一人家。

至于纯粹写月的诗词，在中国文学中也不乏这类的作品，魏时文帝，齐时王融，梁时沈约、庾肩吾、刘孝绰，北周时王褒、庾信，唐时骆宾王、李白、杜甫、韦应物、白居易、刘禹锡，宋时朱熹，元时徐舫、于石等人，都曾咏月之美。其中如庾信之诗句"山明疑有雪，岸白不关沙"，于石的"荡摇水中月，水定光复圆"，李白的"人攀明月不可得，月行却与人相随""今人不见古时月，今月曾经照古人"等，都是脍炙人口^①的名句。

"风花雪月"自然是有闲阶级、文人雅士的玩意儿，但是我们如果从"为艺术而艺术"（Art for Art's Sake）的眼光来说，就不能忽视它在文学上的地位，并且在中国的文学中它还占着不少的成分呢！

---

① 脍炙人口：指美味人人爱吃，比喻好的诗文受到人们的称赞和传诵。脍和炙都是人们爱吃的食物。

第五章

议论

若把肥瘦长短分开来说，则燕瘦环肥，各臻其美，尧长舜短，同是圣人。

说肥瘦长短之类

·郁达夫·

人体的肥瘦长短，照中国历来的审美标准来看，似乎总是瘦长的比肥短的美些。从古形容美人，总以"长身玉立"的四字为老调，而"嫫母倭傀①，善誉者不能掩其丑"，也是大家所熟知的典故。按常理来说，大约瘦者必长，肥者必倭；但人身不同，各如其面，肥瘦长短的组合配分，却不能像算术上的组合法那么简单。所以同外国文中不规则动词的变化

---

① 嫫母倭傀：嫫母和倭傀是中国古代传说中的丑女。

一样，瘦而短，肥且长的阴性阳性，美妇丑男，竟可以有，也竟可以变得非常普通。

若把肥瘦长短分开来说，则燕瘦环肥，各臻①其美，尧长舜短，同是圣人。倘说唐明皇是懂得近世择美人鱼的心理的人，则不该赉②送珍珠，慰她寂寥。倘说人长者必美，短者必丑，则尧之子何以不肖，而娥皇女英又如何肯共嫁一人。

关于肥瘦，若将美的观点撇开，从道义人品来立论，则肥者可该倒霉了。訾食者不肥体③，是管子的金言；子贡淫思七日，不寝不食，以至骨立，是圣门弟子的行为。饭颗山头逢杜甫，他老人家只为了忠君爱国，弄得骨瘦如柴。桓温之孽子桓元，重兼常儿，抱辄易人，终成了篡位的奸臣，被人杀戮；叔鱼之母，见了她儿子的鸢肩牛腹，叹曰，溪壑可盈，是不可餍也，必以贿死，遂不视④。凡此种种，都是说肥者

---

① 臻：达到。

② 赉（lài）：赠予，给予。

③ 出自《管子·形势》，指挑剔饮食的人不会胖。

④ 出自《国语·晋语》，意思是叔鱼出生时长相怪异，其母见了说其臂膀如鹰，腹腔似牛，如沟壑之欲难以满足，必因受贿而死。于是就不亲自养育。

坏、瘦者好的史实，而韩休为宰相，弄得唐玄宗不敢小有过差，只能勉强说一句"吾貌虽瘦，天下则肥"的硬好汉语来解嘲，尤其是有名的故事。

反过来从长短来说，中国历史里，似乎是特别以赞扬矮子的记录为多。第一，有名的大政治家矮的却占了不少，周公、伊尹，全是矮子，晏子长不满六尺，而身相齐国，名显诸侯。孟尝君乃眇小丈夫^①，淳于髡^②亦为人甚小。其他如能令公喜公怒的短主簿王珣，磨穿铁砚赋日出扶桑的半人桑维翰等，都系以矮而出名者，比起长大人来（当然也是很多），短小人绝不会有逊色。武人若伍子胥，若韩王信辈，都系长人，该没有矮子的分了，而专诸郭解，相传亦是矮人。

看了这些废话，大家怕要疑我在赞成瘦子矮子了，但鄙意^③却没有这样简单。对于美人，我当然也是个摩登的男子，

① 眇小丈夫：指身材矮小瘦弱的男人。也指见识短浅的男人。
② 淳于髡（kūn）：战国时期齐国的政治家和思想家。其虽然身材矮小，但博学多才、善于辩论，是当时十分有影响力的学者之一。
③ 鄙意：我的意见。

"软玉温香抱满怀"，岂不是最快活也没有的事情？至于政治家呢，我觉得短小精悍的拿破仑，究竟要比自己瘦长因而卫兵也只想挑长大的普国弗列特克大王好得多。若鸟喙长颈的肾水之精（子华子），大口鸢肩的东方之士（淮南子）能否与大王弗列特克比肩，当然又是另一问题。

一九三四年九月

郁达夫 原名郁文，字达夫。新文学团体"创造社"的发起人之一，中国现代小说家、散文家、诗人。在文学创作上主张"文学作品，都是作家的自叙传"，并且首创了自传体小说这种抒情浪漫的体裁。主要作品有《沉沦》《故都的秋》《春风沉醉的晚上》《过去》《迟桂花》《怀鲁迅》等。

郁达夫的这篇议论文豪迈挥洒，说理透彻深刻，展现了作者广阔的视野，表达出作者深刻的辩证主义思想。文章运用了大量的历史典故，如"燕瘦环肥""尧长舜短"等，旁征博引，有力地论证了肥瘦长短各有各的美。

▌议论文的意义和写法——章衣萍

什么是议论文呢？

凡以自己的思想为主体，评判意见的是非、学说的正谬、事件的应行与否，并且希望旁人信从的文字，叫作议论文。

议论文的用处很多。议论文和说明文①不同的地方，是说明文的目的在于解释，而议论文的目的，在使人信从。

———————————

① 原文用"解说文"的译法，为统一，本书修改为"说明文"。

譬如，我们做一篇文章证明"达尔文的进化论"，这是说明文。我们若说"达尔文的进化论是不合理的"，就非用议论文不可了。因为我们说达尔文的进化论合理不合理，一定要把它的原因说出来。把原因说出来还不够，我们一定还得拿出证据来。

拿不出证据便不能使人信从，所以在议论文中，证明是很重要的。

议论文该怎么写呢？我且请出三个"菩萨"[①]来：

重论点

论点就是一篇论文的中心思想。议论文的目的，是作者发表一种意见，一种主张，一种判断。每一篇文章都有一个中心思想，作者应该明白地表现出来。这中心思想就是论理学[②]上的结论。我们研究论理学的目的，就是使我们所发表的结论正确。

结论最怕是含混。譬如我们做一篇"论普罗文学"的文章，或是赞成，或是反对，我们就应该明白表示出来。又如

---

① 三个"菩萨"：出自"做戏无法，出个菩萨"的典故。
② 论理学：指逻辑学。

我们做一篇"论语体文的欧化"的文章，我们是赞成欧化的句子呢，还是赞成老百姓口中的天然的句子呢？我们也应该明白说出来。我们不能在一篇文章中主张自由恋爱，又赞成旧式家长代定婚姻。我们不能在一篇文章中赞成民主主义，又赞成开明专制。

耶稣说得好："你不能同时信奉上帝，又信奉财神。"一篇文章中应该有一特别的论点，明确说出来，不能既赞成甲，又赞成乙。笼统、含混、折中，是中国思想界不进步的原因，新青年做论文不该再犯此病。这是我所说的重论点。

明因果

我们知道世界上的事不是无故发生的。每一事的发生，必有发生的原因。同一条件下面的同一原因，无论在何时何处，必生同一结果。例如"水受热化为汽，受冷化为冰"，这是自然的因果。"大兵之后，必有凶年""久病之后，身体必弱"这是人事的因果。善于做议论文的人，应该在文章中把论点因果说明。主张"白话文"，也应该把主张"白话文"的原因说明；赞成"古文"，也应该把赞成"古文"的原因说明。林琴南《论古文之不当废》，乃说"我识其理，而不

能道其所以然", 这便是不明因果。这样的文章是不能使人信服的。

重证据

近代科学方法最大的条件, 就是"拿证据来"。你说天上有上帝, 他便请你拿上帝来。你说空中有神, 他便请你拿神来。你说地下有鬼, 他便请你拿鬼来。于是一拿证据, 上帝鬼神, 都站不住了。

这是科学方法最大的效用。中国思想界, 本来好弄玄虚。新文化运动以来, 这种玄虚的底子并未打破。譬如几年前有人说"革命要革得虚空破碎, 大地平沉"。许多少年都佩服这句大话。其实这正是疯话。试问"虚空"如何革得"破碎"? "大地"如何革得"平沉"? 一问他要证据, 这些疯话便无从开口了。实在的证据是要通过我们的感觉的。那些看不见、听不到、摸不着的东西, 都不能拿来做证据。正如中国古人说月亮当中住了一只兔子, 拿着小锤在捣药。这完全是想象的神话, 不能拿来做证据。那意大利人葛利赖①

---

① 葛利赖: 即伽利略。

（Galileo）于一六零九年造了望远镜，用这镜子发现太阳的黑点，月亮上的山谷。知道月亮是一个死了的星球，那里是没有动物的。这便是有证据的话，不是胡说了。我们要学生在议论文中不说空虚的话，要他们拿事实做证据，拿证据来证明论文中的结论或假设（这是归纳法的第四步），最好是多看科学的书籍，多观察、多试验，因为除了科学本身，是没有什么科学方法的。不懂得近代的科学，便不能应用科学方法。普通的世俗证据是不大可靠的，只有用科学方法（包括归纳法、演绎法）所得的证据比较可靠。

这就是我所说的重证据。

▍论证的基本方法：演绎法、归纳法和类推法
——夏丏尊

演绎法、归纳法和类推法，是论证的基本方法。要知道详细，须求之于伦理学，这里所讲的只是一个大概。

演绎法

用含义比较广阔的命题做基础来论证含义较狭窄的命题，这是演绎法。例如：

学校的功课都应当注意学习。——大前提

音乐是学校的功课。——小前提

故音乐应当注意学习。——断案

这是演绎法最基本的形式，通常称为三段论式；是用含义较广的"学校的功课都应当注意学习"和"音乐是学校的功课"两个命题来证明"音乐应当注意学习"的命题。上列的顺序是理论上的通常的排列法；在文字或语言上，常有变更。试以上式为例：

（1）学校的功课都应当注意学习"的"（大），音乐"既"是学校的功课（小），所以音乐"也"应当注意学习（断）。

（2）学校的功课都应当注意学习"的"（大），所以音乐"也"应当注意学习"呀"（断），"因为"音乐"也"是学校的功课（小）。

（3）音乐"既"是学校的功课（小），学校的功课都应当注意学习"的"（大），音乐"也就"应当注意学习"了"（断）。

（4）音乐"既"是学校的功课（小），音乐"就"应当注意学习（断），"因为"学校的功课都应当注意学习"的"（大）。

（5）音乐应当注意学习"呀"（断）！"因为"学校的功课都应当注意学习（大），音乐"也"是学校的功课（小）。

（6）音乐应当注意学习"的"（断），音乐"既"是学校的功课（小），学校的功课都应当注意学习"啊"（大）。

引号内的字是为句子的顺畅附加的，因为无论在文字上或语言上，常常还一定要用很质朴的语句表明。大前提、小前提和断案不但排列的顺序可以变更，常常还有省略。例如：

（1）学校的功课都应当注意学习（大），音乐"也"是学校的功课"呀"（小）！

（2）音乐"既"是学校的功课（小），音乐"岂不"应当注意学习吗（断）？

（3）学校的功课都应当注意学习"的"（大），音乐"就"应当注意学习"了"（断）。

（4）音乐"既"是学校的功课（小），"就"应当注意学习（断）。

（5）学校的功课都应当注意学习（大），音乐自然不是例外（断）。

只要意义能够明白，在文章上排列变更，要素省略都无妨。为了文章辞调的关系将命题的形式转换也是必要。但若要检查议论的正否，却须依式排列。例如

（1）桀纣之失天下也，失其民也。（《孟子·离娄》）

（2）天子不能以天下与人。（《孟子·万章》）

（3）他不用功，故要落第。

这些议论若要施以检查，须将省略的补足，成一完全的三段论式，如下：

（1）失天下者失其民者也，桀纣之失其天下也，故桀纣失其民也。

（2）天子不能以天下与人，尧为天子，故尧不能以天下与人（舜）。

（3）不用功的学生都要落第，他是不用功的学生，故他要落第。

演绎法的议论，全以两前提做基础，所以如前提中有一不稳固，全论就不免谬误。如前例第三个论式：

不用功的学生都要落第，他是不用功的学生，故他要落第。

这论式中，大前提就不甚稳当，因为世间尽有天资聪明，不用功而可以不落第的学生。

世间原难有绝对的真理，所以就是论式各段都无误，也不是就没有辩驳的余地。不过各段的无误，是立论的必要条件，若没有这条件，议论的资格都没有了。

归纳法

归纳法和演绎法恰好相反，是集合部分而论证全体的论法。例如用演绎法证明"某人是要死的"，其论式如下：

凡人都是要死的。——大前提

某人是人。——小前提

故某人是要死的。——断案

这例中的大前提"凡人都是要死的"的一个命题是否真实，如果要加以证明，也可用下列的演绎法的论式：

凡生物是要死的。——大前提

人都是生物。——小前提

故凡人都是要死的。——断案

对于这个论式的大前提"凡生物是要死的"的一个命题，若还有疑问，须加以证明，那就不是演绎法所能胜任的，非用归纳法不可了。论式如下：

牛是要死的，马是要死的，羊是要死的，草是要死的，树是要死的……袁世凯死了，西施死了，我的祖父母死了……

牛、马、羊、草、树……袁世凯、西施、我的祖父母……都是生物。

故生物是要死的。

这式的两前提都是以经验所得的部分集合起来，由此便得到"生物是要死的"的结论。

归纳法中有两个应当遵守的条件：

一是部分事件的集必须普遍而且没有反例；

二是有明确的因果关系。

这两个条件如果能满足一个，大概可以认为没有错误。用例来说：

有角动物都是反刍动物。

在这例中，"有角"和"反刍"有没有原因结果的关系，这在现在的科学上还没有证明，所以不能满足第二个条件；但有角的动物如牛，如羊，如鹿等都是反刍的，并且没有反例，即有角而不是反刍的动物可以举出，这就满足第一个条件，而可认为正确的了。

有烟的地方必定有火。

这例中的"烟"同"火"是有因果关系的，满足了第二个条件，所以就是不遍举事例，也可认为正确。

文化高的国民都是白皙人种。

这例虽可举出英、美、德、法等国民来做例证，但有印度、中国等反例可举，不满足第一个条件；并且，明确的因果关系也没有，又不满足第二个条件。这样的归纳便是谬论。

最有力的归纳论，是第一、第二两个条件都能满足的；因为事例既普遍又无相反的例可举，原因结果的关系又极明了，自然不易动摇了。所应注意的，有无反例可举，和人的经验有关系；就现在所经验的范围虽无反例，范围一旦扩大，也许就遇见了反例；所以归纳法所得的断案常是盖然的。但原因结果的关系既已明确，就有反例可举也不能斥为谬论；这只是原因还没完全举出，或反例另有原因的缘故。例如：

居都市的人比居乡村的人来得敏捷。

这就是生活状况的不同，一是刺激很多，一是清闲平淡，可以将原因结果的关系说明的；虽有一二反例，必定别有原因存在，对于原论并不能动摇。

类推法

根据已知的事例而推断相类的事例的方法，这是类推法。例如：

地球是太阳系的行星，有空气，有水分，有气候的变化，有生物。——已知的事例

火星是太阳系的行星，有空气，有水分，有气候的变化。——相类的事例

故火星有生物。——断案

类推法应用时须遵守下列的两条件：

一是所举的类似点，须是事物的固有性，而不是偶有性；

二是被推的事物须不含有与断案矛盾的性质。

例如：

（1）孔子与阳虎同是鲁人，同在鲁做官。

若依了这些类似点，因孔子是圣人就推断阳虎也是圣人，这便犯了第一个条件；因为这些类似点都是偶有性。

（2）甲乙二鸟，声音、大小、行色都相同。

但乙鸟的翅曾受伤折断，若依类似点因甲善飞就推断乙也善飞，这便犯了第二个条件，因为翅的折断和善飞，性质是矛盾的。

▍证据的性质分类：因果论、例证论、譬喻论、符号论——夏丏尊

判断一件事，总是以经验作根据，而依前两节所举的方法找出证据来。由性质上，证据有种种的不同，分述如下：

因果论

因果论又名盖然论，是根据了"同样的原因必生同样的结果"的假定，以原因证明结果。例如：

（1）某人平日品行方正（原因），这次的窃案大概和他没有关系（结果）。

（2）他作文成绩素来很好（原因），这次成绩不良，大概是时间局促的关系（结果出预想之外，因为别有原因的缘故）。

这都是因果论，普通所谓议论，大概是这类最多。因果

论所以又名盖然论，就是因为这种议论并不是确切可靠的缘故。

因果论虽不是充足的可靠的议论，却是必要的很有价值的。所以无论何种议论，至少非有一个因果论的证据不可。否则，即使别的证据很多，也不可靠。

例证论

将和结论相同的事例，引来做议论的证据，叫作例证论。例如：

（1）某人身体原很弱，因从事运动，今已健康（事例）；所以运动是有益于健康的（结论）。

（2）甲学生很用功及了格，乙学生不用功落了第（事例）；所以要及格非用功不可（结论）。

（3）投石于水，就沉下去，投木片于水，则浮在上面（事例）；可知轻的东西是浮的，重的东西是沉的（结论）。

这都是例证论。例证论以部分来推全体，或以甲部分来推乙部分。前一种是归纳法的，归纳的法则应该严格遵守；后一种是类推法的，类推的规则切不可犯。除此以外还有几个条件应当特别注意：

人事和物理的不同。物理以物为对象，物质界是有普遍的法则可循的，所以大概可以说有一定。甲石沉了，乙石也沉了，可以说凡石都要沉的。但人事界的现象，却没有这样的简单。甲从事运动身体健康了，乙从事运动或反而生病，因为体质、情形都不一定相同，结果不一定同也是应该的。

"假定"不能做例证。例证须是事实，"假定"做不来例证。世间往往有以"假定"做例证而应用例证论的。例如"精神一到，何事不成（假定）；凡毕业颠沛流离的，都是精神不振作的缘故（结论）"。只悬揣了一个假定，再从这假定立了脚来推论，即使常识上通得过去，总不可靠。

譬喻论

譬喻论和例证论相似，不过例证论是引用和结论相同的实例做证据，譬喻论是引用和结论相似的事例做证据。例如：

（1）加热于蒸汽机关，则机关运转，故热可转成运动。（例证论）

（2）好像蒸汽机关的运转上需石炭的样子，生物在生活上也需要食物。（譬喻论）

譬喻论中所最要紧的，就是两方面的类似的关系。譬喻要得当，就是两方面中，各自所存的关系要有适当的关联。假如其中有一式错误，譬喻论的全体，也就要错误。

譬喻论，我国古来用得很多，现在也着实有不少的人用它，讹诈百出，最易使人受欺，大宜注意辨别。

符号论

符号论和因果论恰相反，因果论是从原因推证结果；符号论是从结果推证原因。例如：

（1）*某人没有一定的职业，应当很穷。*（因果论）

（2）*某人到了严冬还穿夹衣，可见他很穷。*（符号论）

符号论是以实际的形迹（符号）来证明所论的真确的。见学生上课时在讲堂中睡眠，说教师不能引起学生的兴味；见水的结冰，说大气的温度在冰点以下；这都是符号论。通俗所谓"理由"的，大概是因果论；所谓"证据"的，大概是符号论。

符号论一不小心就容易生出谬误。因为是博士，就崇拜他，说他有学问；因为是孔子说的，就相信它一定不错；因为西洋人也这样那样，所以非这样那样不可；看看报上某商店的广告，就信用某店的货物精良；都是这一类的谬论。

符号论中最可靠的，是那结果只有一种原因可以生出来的时候。例如：

河水结冰了，可知天气已冷到摄氏表零度以下。

就大概说：自然界的现象，符号论大体可靠，一涉到人事，关系非常复杂，用符号论，大须注意。

各种议论的联络

上文所述的四种议论，各有缺点，所以单独使用，很不可靠。但是若能将两种以上的议论联结起来，就成有力的议论了。例如甲有杀乙的嫌疑时，如果在同一事情，得到下列种种事实，那么甲是嫌疑人，差不多可以断定了：

（1）甲的性情粗暴。（因果论）

（2）甲与乙曾因金钱关系有宿怨。（因果论）

（3）某次甲曾用刀和人格斗。（例证论）

（4）乙被害时，甲不在家，其时为夜半。（符号论）

（5）甲家中有带血的衣服和刀。（符号论）

以上是三种议论的联结，若能四种联结，更为可靠。所应注意的，就是因果论和符号论并不全然可靠，至于例证论和譬喻论更只能做补充用，力量很微弱。即以上例来说，虽已有五个证据，但最多只能说甲有嫌疑，至于甲是否杀乙，依然不能断定。所以，关于这一类事实要下判决，非有确实的认证（如当场见到）或物证（如刀与伤口）不可。因此，裁判官只能用各种方法引诱甲自行承认，而不能依自己所得到的盖然的证据推断。因为上面的事实，甲和别人格斗，或杀的不是乙，或别人嫁祸，（4）和（5）都是可以存在的，至于（1）（2）（3）都是已过的事，用作证据本来力量就不大。

▌议论文的顺序——夏丏尊

文章原无一定的成法，议论文的顺序当然也不能说有一定。以下所说的事项，不过是普通的说法。

命题的位置

议论文原是对于命题的证明，命题当然是议论文的根本。所以命题在一篇文章中应该摆在什么地方，是先列命题，后来说明呢？还是先加说明，后出命题呢？这实在是一个问题。

在最普通的文章，应该先提出命题，使读者开首就了解全篇主旨所在。若是把文章读了半篇，还不能晓得究竟讲点什么，这类不明晰的文章，普通不能算好的。

先列命题，能使文章明晰，却是有时也不应当先将命题列出：

第一，命题容易引起反对的时候。例如对学校学生主张有神论，或对宗教家主张无神论的时候。倘使先把命题揭出，必致开端就惹起观听者的反对，以后虽有很好的证明，也不足动人了。这种时候，应当先从比较广泛点的地方起首。对学生讲有神论，可先从科学说起，说到科学不可恃，再提出有神论来。对宗教家主张无神论，可先说古来有神论和无神论的派别；各揭出其优劣，使听者觉得无神论也有若干的根据，然后再提出自己主张无神论的意见。

第二，命题太平凡的时候。例如在慈善会场中演说"人要有慈善心"的时候，若开端先将命题提出，听的人就厌倦了。这种时候，可从"生存竞争的流弊"等说起，使听者感觉慈善的必要，然后再提出本命题来。

证明的顺序

通常因果论应当列在前面，符号论列在最后。因果论若列在最后，就使已经证明的事情和当面的问题无涉。若四种论证都全备的时候，就是（1）因果论，（2）譬喻论，（3）例证论，（4）符号论；这是最普通的。

先列因果论，使读者预想有像结论的事实。次列譬喻论和例证论，使读者预想着在别时别地所有的事实，或者在此也要起来。到了最后的符号论，使读者觉得所预期要起来的事，果真起来，就能深切地信从了。再用前面所举的甲杀乙的实例来说：

（1）甲与乙因金钱关系有宿怨。（使读者预想甲或因此杀乙。）

（2）甲虽是个平和的人，但是愤怒会改变素性；好像水虽平静，遇风也要起浪。（使读者相信平和的甲，也可杀乙。）

（3）从前某人某人都是平和的人，都因愤怒及金钱的关系，有过杀人的行为。（使读者因从前的实例，坚信甲有杀乙的可能。）

（4）甲家有带血的衣服，且乙被害时，甲确不在家。（因证据使读者坚信是甲杀乙的。）

第六章

说明

中国画家自临摹旧作入手。
西洋画家自描写实物入手。故中
国之画，自肖像而外，多以意构。
呈名山水之画，亦多以记忆所得
者为之。

图画

·蔡元培·

吾人视觉之所得，皆面也，赖肤觉之助，而后见为体。建筑，雕刻，体面互见之美术也。其有舍体而取面，而于面之中仍含有体之感觉者，为图画。

体之感觉何自起？曰，起于远近之比例，明暗之掩映。西人更益以绘影写光之法，而景状益近于自然。

图画之内容：曰人，曰动物，曰植物，曰宫室，曰山水，曰宗教，曰历史，曰风俗。既视建筑雕刻为繁复，而又含有音乐及诗歌之意味，故感人尤深。

图画之设色者，用水彩，中外所同也。而西人更有油画，始于"文艺中兴"时代之意大利，迄今盛行。其不设色者：曰水墨，以墨笔为浓淡之烘托者也；曰白描，以细笔勾勒形廓者也。不设色之画，其感人也，纯以形式及笔势。设色之画，其感人也，于形式笔势之外兼用激刺[①]。

中国画家自临摹旧作入手。西洋画家自描写实物入手。故中国之画，自肖像而外，多以意构。虽名山水之画，亦多以记忆所得者为之。西人之画，则人物必有概范，山水必有实景。虽理想派之作，亦先有所本，乃增损而润色之。

中国之画与书法为缘，而多含文学之趣味。西人之画与建筑雕刻为缘，而佐以科学之观察，哲学之思想。故中国之画以气韵胜，善画者多共书而能诗。西人之画以技能及意蕴胜，善画或兼建筑雕刻二术，而图画之发达常与科学及哲学相随焉。

中国之图画术托始于虞夏，备于唐，而极盛于宋。其后为之者较少，而极盛于宋。其后为之者较少，而名家亦复辈

---

① 激刺：即刺激，此处指色彩对人感官的刺激。

出。西洋之图画术托始于希腊，发展于十四、十五世纪，极盛于十六世纪。近三世纪则学校大备，画人夥颐①，而标新领异之才亦时出于其间焉。

蔡元培　字鹤卿，又字仲申、民友、孑民。革命家、教育家、政治家。曾任北京大学校长，"中华民国"首任教育总长。主要作品有《蔡元培自述》《中国伦理学史》等。

　　蔡元培是中国提出"美育"的第一人，其观点"以美育代宗教说"闻名于世。他毕生不遗余力地倡导美育。"美育"一词，最早由他从德文中翻译过来的。本文层次分明，首先写图画的特点，于平面中含有立体之感；其次从图画的内容和形式两方面写

① 夥颐：楚方言，叹词。多用以惊羡其多。

图画的感染力；最后又进一步比较了中西画作的独特之处和历史渊源。文中用了大量的对比，令读者对图画这一事物有明晰全面的了解。本文曾由朱自清、叶圣陶、吕叔湘选进《开明文言读本》，被誉为"说明文的典范"。

说明文的意义——夏丏尊

解说事物，剖释事理，阐明意象，以便使人得到关于事物，事理或意向的知识的文字，称为说明文。例如：

一旁是字的形，一旁是字的声，所以叫作形声。——《中国文化的根源和近代学问的发达》

科学的起源，不是偶然发现的，因为人类是有理性的动物，有种种心理的根据，所以发生科学。——《科学的起源和效果》

说明文的性质，有时好像和科学的记事文相同，有时又好像和叙事文类似；其实全不一样。

　　说明文和科学的记事文有什么区别呢？最重要的一点，就是对象的范围不同。科学的记事文虽也是以记述事物的状态、性质、效用为主；但以特殊的范围为限，是比较具体的；说明文以普遍的范围为对象，是比较抽象的。如记述一枝梅花的姿态、屋内一部分的陈设、一个人的特性，范围既狭，所记述的也比较具体，使人读了自然就可以得到那些知识。但若要讲到"植物""房屋的构造"和"人类的通性"等一般的事实，以及抽象的事理如"文学的意义""实验主义"等，范围就扩大得多，不是记事文所能胜任的了。

　　说明文和叙事文的区分比较容易。关于事实的说明，对象虽和叙事文相同，但形式全然相异。如"今天上午八点四十分火车从江湾开出"，是叙事文的形式；而"火车从江湾开到上海是在今天上午八点四十分"，便是说明文的形式。还有一个区别，叙事文可带作者主观的色彩，说明文却不许可。

　　说明文本来是用较浅近明了易于理解的文字去解明事物

或事理，使它的关系明了，范围确定，意义清晰，给人以关于该事物或事理的普遍的正确的知识，所以用途很广。教师的讲义，科学的教科书，大半是说明文，固不必说；就是学术上的定义，字典上的解释，古书上的注解，事实真相的传达，凡足以使人得到明确的观念和理解的，都要用到说明文。

▍说明文的种类——章衣萍

说明文 ① 是解释普通的或抽象的事理的文字。这一类的文字的主题不是直接诉诸感觉的。记事文与叙事文诉诸作者的观察与想象，是偏于感情的；说明文则以诉诸抽象的理解为主，是偏于理智的。

这一种主题的普通文字，可以分为以下数类：

进行的性质的文字。这一类文字是说事物的制造的或行

---

① 作者原文使用"解说文"一词，与说明文的英文同为 Exposition，本书作者认为翻译成解说文比说明文更合适。但因现统一称为说明文，为考虑阅读方便，改为说明文。

为的活动的，例如教人如何做菜弄饭的烹饪教科书、体操游戏的说明书，都归这一类。

一类事物的性质的文字。这一类的文字，例如心理学、伦理学、植物学、化学、解剖学教科书等等文字，均归这一类。

一般抽象性的性质的文字。例如，说仁、说义、说情、说意的文字均归入这一类。

字、句、论文的意义的文字。例如字义学、文法学、文学概论一类的文字。

主义法则的应用的文字。例如谈好政府主义、共产主义、人权与约法的文字。

一切事物的功用、效能、结果、原因的文字。例如解说电气的功用、效能、结果、原因的文字。

以上的各类，是就说明文的性质而分的。说明文的用处最多，科学的、哲学的、文学的、政治的、考证的，门类极繁。中国古代的说明文，如韩愈的《进学解》《获麟解》《师说》，扬雄的《解嘲》，王半山的《复仇解》等，都是有名的解说文字。

而普通英文中的修辞学作文法，大致把说明文分为以下两种：

科学的说明文。如上文所说的心理学、伦理学、植物学的教科书等应用科学的说明文最多。科学的说明文应注意界说①和分类。

说理的说明文。是作者自由发表某种之意思或某种学理的，并不像科学的说明文那样琐碎和枯燥。但是说理的说明文并不是没有主旨，如章炳麟自己说他的"学术""始则转俗成真，终乃回真向俗"，这就是章氏学术得力所在。又如周作人解说"平民文学"乃"人的生活"的文学，是"研究平民生活"的文学，这是周氏对于"平民文学"的见解。

说理的说明文并不是不要"界说"，他的文章的主旨就含了界说；说理的说明文并不是不要分类，他的文章中的段落就含着分类。这是说理的说明文和科学的说明文的分别。

---

① 界说：即义界。它是用下定义的方式来解说词义，即用一句话或几句话来阐明词义的界限，从而准确地表达一个词语的意蕴。

说明文的写法：定义、区分、有力和有趣

——章衣萍

说明文应该怎样写法呢？

定义

第一，做说明文，应注意定义。

什么是定义呢？定义是确定一概念的意思，以区别于旁的概念。人类的智识愈进步，事物愈复杂，定义更重要。我们要判断一件事物、一种学说、一种主义，则对该事物、学说、主义的内容，必须明了。所以概念的定义是很重要的。譬如就社会主义而说，在俄国则为布尔什维主义（Bolshevism），在法国则为工团主义（Syndicalism），在英国则为基尔特社会主义（Guild Socialism），在美国则为I.W.W.（The Industrial Workers of The World），概念意义各不相同。成仿吾讲无产阶级文学，钱杏邨也讲无产阶级文学，但是成仿吾的无产阶级文学理论并不同于钱杏邨的无产阶级文学理论。约翰·华生是心理学上的行为主义者，郭任远也是心理学上的行为主义者，但约翰·华生的行为主义并

不同于郭任远的行为主义。

胡适之先生也说"拜金主义"，上海滩上的买办也说"拜金主义"，但胡适之的"拜金主义"一定不同于上海买办的"拜金主义"。一切学说、主义、事物，都应有一个明确的概念。概念有"种概念"，有"类概念"。每一个定义是以种概念和类概念，成一特别的界说。这"界说"普通文章中叫作主旨。说明文的第一目的，在使人懂得。有主旨、有界说的文章才可使人懂得。我们谈起张勋，都知道他提倡复辟；谈起康有为，都知道他主张君主立宪。张勋、康有为固不值得说，但比那些朝北暮南、忽左忽右的军人政客能使人纪念，有价值得多。有界说、有主旨的文章才是有价值的文章，正同有主张、有操守的人物才有价值一样。

区分

第二，做说明文，应该注意区分。

什么叫作区分呢？这里所说的区分，好像科学上所说的分类。我们知道科学当中，如动物学、植物学等科，因为分类分得详细严密，所以能够有很大的进步。但分类也不是容易的事，如中国人把一切的东西都分作"金、木、水、火、土"，叫作五行。如是又把五行应用于算命、看相、医药。这是很荒谬的举动。科学上的详细分类法，这里不能详说。说明文中的区分是在一篇文章的界说或主旨已定之后，按界说中或主旨的伦理上的次序说明。

例如周作人先生所做的《平民文学》一文，他的主旨是平民文学即"研究平民生活——人的生活的文学"。但他一层层地说来，首拿"平民文学与贵族文学"相比较，又拿"古文"与"白话"相比较，于是决定在"文字形式上，是不能分出区别"。接着是说明平民文学与贵族文学的区别"是内容充实，就是普遍与真挚两件事"，于是，又分"第一""第二"说明。后来又就"意义"上说，"第一，平民文学绝不单是通俗文学""第二，平民文学绝不是慈善主义的文学"。这样一层一层地说明，好像抽丝，好像剥茧，平民文学的意义，也就明白了。这就叫作区分。

近人胡适之、梁启超的文章都善用区分的法子，所以能明白通畅，令人易懂易解。徐志摩先生的文章也做得很美的，但他的文章，正如俄人伊凤诺所说："有点糊涂，不大清楚。"区分应该注意：第一，统一；第二，联结。否则，难免"有点糊涂，不大清楚"了。

有力和有趣

第三，做说明文应该注意有力和有趣。说明文的性质是偏于理智的。但拉长了脸孔说道理，实在也有点讨厌。古罗马的诗人贺拉斯说：含笑谈真理，又有何妨呢？

在讲台上讲书的教员，不能使学生发笑的话，是引不起学生的注意的。文章也是一样。我们为什么都喜欢鲁迅、吴稚晖的文章呢？因为他们的文章，不但有力，而且有趣。有趣并不是一件坏事。我们研究教育的人，当知道趣味在教育上的价值。说明文第一应该使人容易懂得，第二应该使人容易记得。只有有力而有趣的文章，才可使人容易懂而容易记。使说明文有力而且有趣的方法很多。或者用譬喻的方法，或者用反复的方法，或者用比较和对比的方法。

我们读过《新旧约》的人，知道耶稣讲道理是最会用譬喻的。夏丏尊先生曾说："研究文学的人，不可不看《圣经》和《希腊神话》。"我相信他的话很有道理。譬喻是很重要的，一切大主教、大圣人、大哲学家，孔丘、孟轲、庄周、墨翟、荀卿的说教都喜欢用譬喻。我们可以随便在他们的书中找出例子。

比较和对比都是很重要的。如《庄子·外物篇》说：

筌者所以在鱼，得鱼而忘筌；蹄者所以在兔，得兔而忘蹄；言者所以在意，得意而忘言。

反复也可以促进文章的有力的。如《老子》上的：

道可道，非常道。名可名，非常名。无名，天地之始。有名，万物之母。

又如《庄子·寓言篇》上的：

……终身言，未尝言；终身不言，未尝不言。有自也而可，有自也而不可；有自也而然，有自也而不然。恶乎然？然于然；恶乎不然？不然于不然。恶乎可？可于可；恶乎不可？不可于不可。物固有所然，物固有所可。无物不然，无物不可。

古书与古文用这种法子很多（参看唐钺的《修辞格》第五章，此书虽小而举例极精），可以令人容易讽诵①，容易记忆。要说说明文有力与有趣，不可不讲种种修辞方法。

---

① 讽诵：指有板有眼、抑扬顿挫地诵读。

第七章

散文

都说是春光来了，但这样荒凉寂寞的北京城，何曾有丝毫春意！遥念故乡江南，此时正桃红柳绿，青草如茵。

春愁

·章衣萍·

都说是春光来了，但这样荒凉寂寞的北京城，何曾有丝毫春意！遥念故乡江南，此时正桃红柳绿，青草如茵。

北京，北京是一块荒凉的沙漠：没有山，没有水，没有花。灰尘满目的街道上，只看见贫苦破烂的洋车，威武雄赳的汽车，以及光芒逼人的刺刀，鲜明整齐的军衣，在人们恐惧的眼前照耀。骆驼走得懒了，粪夫肩上的桶也装得满了，运煤的人脸上也熏得不辨眉目了。我在这污秽袭人的不同状态里，看出我们古国四千年来的文明，这便是胡适之梁任公以至于甘蛰仙诸公所整理的国故。朋友，可怜，可怜我只是一个灰尘中的物质主义者！

当我在荒凉污秽的街头踽踽独步的时候，我总不断地做"人欲横流"的梦，梦见巴黎的繁华，柏林的壮丽，伦敦纽约的高楼冲天，游车如电。但是，可怜，可怜我仍旧站在灰尘的中途里，这里有无情的狂风，吹起满地的灰尘，冻得我浑身发抖。才想起今天早晨，忘记添衣。都说是春光来了，何以仍旧如此春寒？我忆起那"我唯一的希望便是你能珍重"的话，便匆匆地回到庙中来了。我想，冻坏我的身体原是不要紧的，因为上帝赐给我的只有痛苦，并没有快乐，我不稀罕这痛苦的可怜生命。但是，假如真真的把身体冻坏了，怎样对得起那爱我而殷勤劝我的朋友？近来，我的工作的确很忙了，这并不是工作找我，是我找工作。《小物件》中的目耳马伦教士劝小物件说："在那最痛苦的生活中，我只认识了三样乐：工作，祈祷，烟斗。"

烟斗是与我无缘的；祈祷，明知是一件无聊的事，但有时也自己欺骗自己，在空虚中找点慰安。工作，努力地工作，这是我近来唯一的信条。在我认识而且钦佩的先辈中，有两

个像太阳一般忙碌工作的人：一个是 H 博士，一个是 T 先生。H 博士的著作，T 先生的平民教育，已经成为他们的第二生命了。从前，我看见他们整日匆忙，也曾笑他们过："这两个先生真傻，他们为了世界，把自己忘了！"但近来我觉得，在匆忙中工作，忘了一切，实在是远于不幸的最好方法。我想，假如我是洋车夫，我情愿拉着不幸的人们，终日奔走，便片刻也不要停留。在工作中便痛苦也是快乐的，天下最痛苦的是不工作时的遐想。只要我把洋车放下一刻，我看不过这现实的罪恶世界，便即刻要伤心起来了。朋友！这是我终日不肯放下洋车的原因，虽然在坐汽车的老爷们看来，一定要笑我把精力无用地牺牲，而且也未免走得太慢！

东城近来也不愿去了，一方面因为忙于工作，一方面还有个很小的原因，便是东城的好朋友们，近来都成对了。在那些卿卿我我的社会中，是不适宜于孤独的人的。拿眼儿去看旁人亲热地拥抱，拿耳朵去听旁人甜蜜地喊"我爱"，当时不过有些肉麻，想来总未免有些自伤孤零。所以我打定主意，不肯到东城去。近来工余的消遣，便是闲步羊市大街，在小摊上面，买两个铜子儿花生，三个铜子儿烧饼，在灰尘的归途中，自嚼自笑。想起那北京的文豪们，每月聚餐一次，登起斗大字的广告，在西山顶上，北海亭边，大嚼高谈，惊俗骇世。他们的幸福，我是不敢希望的，但他们谅也不懂得这花生和烧饼混食的绝好滋味！

最无聊的是晚上，寂寞凄凉的晚上。朋友们一个个都出去了，萧条庭院，静肃无声。我在那破书堆里，找出几本旧诗，吊起喉咙，大声朗诵。这时情景，真像在西山时的胡适之先生一样，"时时高唱破昏冥，一声声，有谁听？我自高歌，我自遣哀情"。近来睡眠的时候很晚，因为室内的炉儿已撤了，被褥单薄，不耐春寒，如其孤枕难眠，倒不如高歌当哭。但有时耳畔仿佛闻人悄道："我爱，夜深，应该睡了。"明知孤灯只影，我爱不知在哪里。但想起风尘中犹有望我珍重的人，也愿意暂时丢却书儿，到梦中去寻刹那间的安慰。

"好梦难重作，春愁又一年！"

章衣萍　乳名灶辉，又名洪熙。早年与胡适、鲁迅、陶行知等人交往甚密，与鲁迅等人创办《语丝》月刊，系重要撰稿人。现代作家和翻译家。著作甚丰，有短篇小说集、散文集、诗集、学术著作、少儿读物、译作和古籍整理等二十多部，主要作品有《古庙集》《一束情书》《樱花集》等。

名 作 赏 析

　　章衣萍的散文谈文艺，论人生，率真泼辣、讽喻犀利，得到了鲁迅等人的赏识，在文坛上名动一时。

　　《春愁》是章衣萍早期散文集《古庙集》中的一篇，文字优美细腻，诉说着淡淡的寂寞悲愁，情真意切，令人回味无穷。

　　文章第一部分中，作者一方面从自然景物上说明北京的荒凉，另一方面又从民众生活细节上表明北京春天的荒凉污秽。作者面对这样的社会现实，内心深处不免生出痛苦之感。第二部分，作者"看不过这现实的罪恶世界"，只好从祈祷中找点安慰，想要在忙碌的工作中让自己忘记一切，表达了自己对现实不满而又无能为力的悲哀感。最后一部分，作者自伤孤独。朋友成对、与"北京的文豪们"志趣不合，为晚上的寂寞凄凉做了铺垫。自己大声朗诵旧诗的声音和睡觉时耳畔的人声，无不更加凸显出作者内心的孤独。末尾作者引用清代文人钱枚的词句，对文章的主旨进行了概括，与文章标题呼应，使文章锦上添花，增色不少。

历代关于春愁的诗词、文章有很多，主要原因是中国古代文人所特有的"伤春悲秋"情结。章衣萍并没有囿于"伤春"情结，而是更进一步写出了生命的荒凉、忙碌和孤独，也表达了对民族命运、国家前途的忧思。

▋ 散文的重要性——老舍

我们写信、写日记、笔记、报告、评论，以及小说、话剧，都用散文。我们的刊物（除了诗歌专刊）与报纸上的文字绝大多数是散文。我们的书籍，用散文写的不知比用韵文写的要多若干倍。

看起来，散文实在重要。在我们的生活里，一天也离不开散文。我们都有写好散文的责任。

有的人以为散文无可捉摸，拿起笔来先害怕。不必害怕，人人都有写散文的条件。我们说话要说得清清楚楚，明明白白，这就有了写散文的基础。我们写信、写日记，听报告时做笔记，都是练习写散文的机会。不要刚一提笔，就端起架子来说：我要写散文啦！是呀，我小时候在私塾里读书，每逢老师出题叫学生作文，我便紧张地端起架子，不管老师出什么题，我总先写上"人生于世"，或"夫天地者"，倒好像"人生于世"与"夫天地者"是散文的总"头目"！后来，有人指点：你试试看，把想起的话照样写下来，然后好好重新安排一下，叫那一片话更有条理，更精致些，你就无须求救于"夫天地者"了。我这才明白，原来我心中就有散文的底子，它并不是什么天外飞来的怪物。对，我们人人都有写散文的"本钱"，只看肯不肯下些功夫把它写好，用不着害怕！

与此相反，有的人的胆量又太大，以为只要写出一本五十万字的小说，或两本大戏，就什么都解决了，根本用不着下功夫学习写散文。于是，他写信，写得乱七八糟；日记干脆不写，只写小说或剧本。不难推测，一封信还写不清楚，怎能够写出情文并茂的小说与剧本来呢？不把散文底子打好，什么也写不成！

有的人呢，散文还没写通顺，便去作诗。我不相信，连一封信还写不明白，而能写出诗来——诗应是语言的精华！不错，某个诗人的诗确比散文写得好；可是，自古以来，还没有一位这样的诗人：诗极精彩，而写信却糊里糊涂。我看，还是先把散文写好吧！诗写不好，只不过不能发表；信写不明白，可会耽误了事！

对，我们不要怕散文，也别轻视散文。散文比诗容易写，但也须下一番功夫，才能写好。不害怕，就敢下笔。一下笔，就发现了困难。有困难，就去克服！把散文写好，我们便有了写评论、报告、信札、小说、话剧等等的顺手的工具了。写好了散文，作诗也不会吃亏。散文很重要。

▍散文怎样用词造句——老舍

我们今天的散文多数是用白话写的。按说，这就不应当有多少困难。可是，我们差不多天天可以看到很不好的散文。

这说明了散文虽然是用白话写的，到底还有困难。现在，我愿就我自己写散文的经验，提出几点意见，也许对还没能把散文写好的人们有些帮助。

散文是用加工过的语言组织成篇的

我们先说为什么要用加工过的语言。散文虽然是用白话写的，可并不与我们日常说话相同。我们每天要说许多的话。假若一天里我们的每一句话都有过准备，想好了再说，恐怕到不了晚上，我们就已经疲乏不堪了。事实上，我们平常的话语多半是顺口搭音说出的，并不字字推敲，语语斟酌。假若暗中有人用录音机把我们一日之间的话语都记录下来，然后播放给我们听，我们必定会惊异自己是多么不会讲话的人。听吧：这一句只说了半句，那一句根本没说明白；这一句重复了两回，那一句用错了三个字；还有，说着说着没有了声音，原来是我们只端了肩膀，或吐了吐舌头。

想想看，要是写散文完全和咱们平常说话一个样，行吗？一定不行。写在纸上的白话必须加工细制，把我们平常说话的那些毛病去掉。我们要注意。

散文中的每个字都要用得适当

在我们平日说话的时候，因为没有什么准备，我们往往用错了字。写散文，应当字字都须想过，不能"大笔一挥"，随它去吧。散文中的用字必求适当。所谓适当者，就是顺着思路与语气，该俗就俗，该文就文，该土就土，该野就野。要记住：字是死的，散文是活的，都看我们怎么去选择运用。字的本身没有高低好坏之分，全凭我们怎给它找个最适当的地方，使它发生最大的效用。就拿"澄清"来说吧，我看见过这么一句："太阳探出头来，雾慢慢给澄清了。""澄清"本身原无过错，可是用在这里就出了岔子。雾会由浓而薄，由聚而散，可不会澄清。我猜：写这句话的人可能是未加思索，随便抓到"澄清"就用上去，也可能是心中早就喜爱"澄清"，遇机会便非用上不可。前者是犯了马虎的毛病，后者是犯了溺爱的毛病；二者都不对。

一句中不单重要的字要斟酌，就是次要的字也要费心想一想，甚至于用一个符号也要留神。写散文是件劳苦的事，信口开河必定失败。

选择字与词是为了造好句子

可是，有了适当的字，未必就有好句子。一句话本身须是一个完整的单位；同时，它必须与上下邻句发生相成相助的关系。有了这两重关系，造句的困难就不仅仅是精选好字所能克服的了。你看，就拿："为了便于统制，就又奴役了知识分子。"这一句来说吧，它所用的字都不错啊，可不能算是好句子——它的本身不完整，不能独立地自成一单位。到底是"谁"为了便于统制，"谁"又奴役了知识分子啊？作者既没交代清楚，我们就须去猜测，散文可就变成谜语了！

句子必须完整，完整的句子才能使人明白说的是什么。句子要简单，可是因为力求简单而使它有头无尾，或有尾无头，也行不通。简而整才是好句子。

造句和插花儿似的，单独的一句虽好，可是若与邻句配合不好，还是不会美满；我们把几朵花插入瓶中，不是要摆弄半天，才能满意么？上句不接下句是个大毛病。因此，我们不要为得到了一句好句子，便拍案叫绝，自居为才子。假若这一好句并不能和上下句做好邻居，它也许发生很坏的效

果。我们写作的时候虽然是写完一句再写一句，可不妨在下笔之前，想出一整段儿来。胸有成竹必定比东一笔西一笔乱画好得多。即使这么做了，等到一段写完之后，我们还须再加工，把每句都再仔细看一遍，看看每句是不是都足以帮助说明这一段所要传达的思想与事实，看看在情调上是不是一致，好教这全段有一定的气氛。不管句子怎么好，只要它在全段中不发生作用，就是废话，必须狠心删去。肯删改自己的文字的必有出息。

长句子容易出毛病，把一句长的分为两三句短的，也许是个好办法。长句即使不出毛病，也有把笔力弄弱的危险，我们须多留神。还有，句子本无须拖长，但作者不知语言之美，或醉心欧化的文法，硬把它写得长长的，好像不写长句，便不足以表现文才似的。这是个错误。一个作家必须会运用他的本国的语言，而且会从语言中创造出精美的散文来。假若我们把下边的这长句："不只是掠夺了人民的财富，一种物质上的掠夺；此外，更还掠夺了人民的精神上的食粮。"改为："不只掠夺了人民的物质财富，而且抢夺了人民的精神食粮。"一定不会教原文吃了亏。

▎散文怎样安排段落——老舍

一篇文字的分段不是偶然的。一段是思想的或事实的一个自然的段落，少说点就不够，多说点就累赘。一句可作一段，五十句也可作一段，句子可多可少，全看应否告一段落。写到某处，我们会觉得已经说明了一个道理或一件事实，而且下面要改说别的了，我们就在此停住，作为一段。假若我们的思路有条有理，我们必会这么适可而止地、自自然然地分段。反之，假若我们心中糊里糊涂，分段就不大容易，而拉不断扯不断，不能清楚分段的文章，必是糊涂文章。有适当的分段，文章才能清楚地有了起承转合。有适当的分段，文章才能眉目清楚，虽没有逐段加上小标题，而读者却仿佛看见了小标题似的。有适当的分段，读者才能到地方喘一口气，去消化这一段的含韫[①]。近来，写文章的一个通病，就是到地方不愿分段，而迷迷糊糊地写下去。于是，读者就因喘不过气来，失去线索，感到烦闷，不再往下念。

[①] 含韫：同"含蕴"。

写完了一段，或几段，自己朗读一遍，是最有用的办法。当我们在白纸上画黑道儿的时候，我们只顾用心选择了字眼，用心造句；我们的心好像全放在了纸上。及至自己朗读刚写好的文字的时候，我们才能发现：

纸上的文字只尽了述说的责任，而没顾到文字的声音之美与形象之美。字是用对了，但是也许不大好听；句子造完整了，但是也许太短或太长，念起来不顺嘴。字句的声音很悦耳了，但也许没有写出具体的形象，使读者不能立刻抓到我们所描写的东西。这些缺点是非用耳朵听过，不能发现的。

不必要的新名词与修辞不单没有帮助我们使形象突出，反倒给形象罩上了一层烟雾。经过朗读，我们必会把不必要的形容词与虚字删去许多，因而使文字挺脱结实起来。"然而""所以""徘徊""涟漪"，这类的字会因受到我们的耳朵的抗议而被删去——我们的耳朵比眼睛更不客气些。耳朵听到了我们的文字，会立刻告诉我们：这个字不现成，请再想想吧。这样，我们就会把文字逐渐改得更现成一些。文字现成，文章就显着清浅活泼，使读者感到舒服，不知不觉地受了感化。

一段中的句子要有变化，不许一边倒，老用一种结构。这在写的时候，也许不大看得出来；赶到一朗读，这个缺点即被发现。比如："他是个做小生意的。他的眼睛很大。他的嘴很小。他不十分体面。"读起来便不起劲，因为句子的结构是一顺边儿，没有变化。假若我们把它们改成："他是个做小生意的。大眼睛，小嘴，他不十分体面。"便显出变化生动来了。同样的，一句之中，我们往往不经心地犯了用字重复的毛病，也能在朗读时发现，设法矫正。例如："他本是本地的人。"此语是讲得通的，可是两个"本"字究竟有点别扭，一定不如"他原是本地的人"那么好。

第八章

日记

上午，得霁野从他家乡寄来的信，话并不多，说家里有病人，别的一切人也都在毫无防备的将被疾病袭击的恐怖中；末尾还有几句感慨。

马上日记（节选）

·鲁迅·

六月二十六日晴。

上午，得霁野从他家乡寄来的信，话并不多，说家里有病人，别的一切人也都在毫无防备的将被疾病袭击的恐怖中；末尾还有几句感慨。

午后，织芳从河南来，谈了几句，匆匆忙忙地就走了，放下两个包，说这是"方糖"，送你吃的，怕不见得好。织芳这一回有点发胖，又这么忙，又穿着方马褂，我恐怕他将要做官了。

打开包来看时，何尝是"方"的，却是圆圆的小薄片，黄棕色。吃起来又凉又细腻，确是好东西。但我不明白织芳为什么叫它"方糖"，但这也就可以作为他将要做官的一证。

景宋说这是河南一处什么地方的名产，是用柿霜做成的；性凉，如果嘴角上生些小疮之类，用这一搽，便会好。怪不得有这么细腻，原来是凭了造化的妙手，用柿皮来滤过的。可惜到他说明的时候，我已经吃了一大半了。连忙将所余的收起，预备将来嘴角上生疮的时候，好用这来搽。

夜间，又将藏着的柿霜糖吃了一大半，因为我忽而又以为嘴角上生疮的时候究竟不很多，还不如现在趁新鲜吃一点。不料一吃，就又吃了一大半了。

鲁迅 原名周樟寿，后改名周树人，原字豫山，后改字豫才。著名文学家、思想家、革命家、民主战士，中国现代文学的奠基人之一，新文化运动的重要参与者。主要作品有小说集《呐喊》《彷徨》《故事新编》，散文集《朝花夕拾》，散文诗合集《野草》，等等。

名作赏析

本篇日记是鲁迅于 1926 年创作的《马上日记》中的一篇，收录于鲁迅先生的《华盖集续编》中。

鲁迅先生每天写日记，他说日记是写给自己看的。《马上日记》这个名字的由来也很有趣。刘半农先生要编《世界日报》副刊，向鲁迅先生索稿。鲁迅先生于是道出一个文人最爱又最怕的事情，那便是——做文章。但如何能达到爱做文章呢？那便是：感想偶然来时，"一想到，马上写下来，马上寄出去"，或者"如果写不出，或者不能写，马上就收场"！

鲁迅的日记文风简洁明快，用字极为洗练、简省。所记事件往来，极其客观，很少有情感的因素。他的日记被现代人当作研究他当时所在社会的真实情况、文学界的真实情况以及他本人的真实情况的重要参考资料。

日记怎么写——姜建邦

日记有几个不同的名称：有人称它作"生命史记"，有人称它作"一天的生活"。文豪鲁迅很幽默地称它为"夜记"，因为写日记大都是在晚间。

许多人一生都有自己的日记，最著名的是俄国文豪托尔斯泰，他从二十一岁开始写日记，直到他死的日子，其间有六十余年，没有间断。政府后来把这些日记出版了厚厚的几十册，都是很可贵的材料。

曾国藩的日记虽然有太多道德气味，但是对青年的修养，很有裨益①，是中国近代最好的日记之一。

古今中外的文人，有许多以日记出名的。如德国的剧作家奚柏勒、英国日记专家佩皮斯、俄国的德欧留夫斯基等都是。瑞士的海莫尔的日记，是一部不朽的杰作，世界各国都有译本。

奥国②少女丽达的日记，是大家喜欢的读物。她瞒着父母、姊姊，私下写自己的日记，她并不想出版，所以写得十分真实、有趣、动人。后来给人发现，代为出版。这部少女日记，博得许多读者的好评。

在中国的文学作品中，也有许多日记，像鲁迅的《马上日记》、郁达夫的《日记九种》、清人李慈铭的《越缦堂日记》，都是值得一读的。

日记除了可做文学作品欣赏以外，还有学术上、史地上、修养上、事务上等的功用。例如顾亭林③的《日知录》是其毕生研究学术的记录。梁启超的《欧游心影录》里面，有许多

---

① 裨益：益处。
② 奥国：指奥地利。
③ 顾亭林：即顾炎武。

是很有趣的事情。像1919年2月记载英国国会的"阿达"[1]，有下面的一段话：

他们（指议员们）的"阿达"，每到议案表决时，先行摇铃，隔两分钟摇一次，三次后会员都要齐集廊下，分立左右，以定可否。格翁（英国老政治家格兰斯敦）正在洗澡（院内有浴室）。铃响起来，换衣服万赶不及。只得身披浴衣，头戴高帽，飞奔出来，惹得哄堂大笑。

他们的"阿达"，寻常演说是光着头的，唯有当表决铃声已响，临时提出动议，那提出人必要戴高帽演说。有一回，格兰斯敦提出这种动议，却忘记戴帽。忽然前后左右都叫起"阿达"来。他找他的帽子又找不着，急忙忙把旁座的戴上。格翁是个有名的大脑袋，那高帽便像大冬瓜上头放着个漱口盂，又是一场哄堂大笑。

像这种资料，在正经的记载里是找不到的。梁启超却把它生动地写在他的日记里面。

日记又是策励自我检讨的鞭子。

---

① 阿达：英文"order"的音译，意思是"规则"。

121

　　一天的工作完毕，行将休息之前，在肃静的夜里，把一天的工作做一次检讨，记载在日记里，给自己的生命留下些痕迹，这是颇有意义的事情。并且我们的生活在检点策励之下才有进步，写日记是最好的检讨方法。

　　我翻开自己旧日的日记，看见这样的一段：

　　一次的偷懒引起了热烈的勤谨。上星期六从编辑部回来的时候，没有带什么工作，心里很是难过——闲着是顶难过的事；又看见同事杨君在宿舍伏案译稿，我心里大受责备，责备我常忘记了自己的志愿，为什么星期六不做些心愿的事？……此后当专心编译，不必注意零碎的短文。做一件大事，比做十件百件小事都来得愉快。

　　　　　　　　　　　　　　　　（1940年2月27日）

　　我又翻到在大学读书时期的一天日记：

　　学期又开始了，当有一个新的起头。下面是我改订的自新谱：

　　生活方面：

　　（1）六点前起床，起床后做早祷。

　　（2）九点后入睡，入睡前写日记。

　　（3）照预算用钱，无钱时不欠债。

处世方面：

（1）任对谁要谦卑，勿骄傲自恃。

（2）对自己要充实，勿自欺自误。

（3）对公事要忠心，勿迁延偷懒。

学问方面：

（1）动修学校课程。

（2）掘发宗教文学。

（3）增进英文能力。

我又翻到某一天的日记，里面保存了这样的一个思想：

"宁缺毋滥"是我最得意的一句生活指导，在我买物品时，没有钱我宁可不买，有了钱就买好的；在我做事时，不喜欢做，就索性不做，要做就做得好些；在我读书时，不愿读就不读，要读就读得像个样。我的做人有两条路：一条是不做人，马上结果这个生命；一条是好好地过一辈子，不空空地白占地土。

写日记是我最喜欢的工作之一。我常劝人做两件事：一件是多交朋友；一件是写日记。朋友多，人生多有快乐；写日记，生活常有改进。

怎样来写日记呢？有人这样说：

日记并不是给他人看的大文章，所以你用不着小心谨慎地多所拘束和顾忌。你尽管大胆坦白，任性任意地写下来就是。它帮助你记住了许多脑中装不下的事情；它供给你种种过去生活的有趣味的回想；它使你胸中所郁塞着的恼闷、烦躁、痛苦、快乐之情，发泄出来。要紧的是要真实、体贴、忠于自己的灵魂，万万不要装腔作势，摆出一副希望垂诸后世的虚伪的面孔。

▌日记的关键——章衣萍

日记是文学的核心，是叙事文的础石。初学作文的人，练习记日记是最好的方法。日记可记两方面的事情：一是自己的行为，一是自己读书的心得。前者是关于道德方面的，后者是关于智识方面的。如曾国藩一生的日记，虽然也有很多道学气可笑的，但他的平生事业文章，都可在他的日记中读出来，是研究曾国藩的人必不可少的参考品。又如顾亭林的《日知录》，是顾氏毕生研究学术有心得的记录，价值非常重大。清人李慈铭的《越缦堂日记》，也是近代日记中的名作，惜卷帙浩繁，价值昂贵，印本甚少，近难买得。近人胡适之先生也记日记，在北京时，我曾读了几册他的日记稿本，胡先生的思想与行为，在他的日记中是更灵活地表现出来了。

记日记时最要注意的，便是"真实不欺"，因为日记是"写给自己看的"。我们应该不自欺。为什么大家都喜欢读《少女日记》呢？因为那日记的主人翁奥国少女丽达记日记时，并不曾想到发表。她是瞒着她的父母、姐姐偷着记的，所以记得十分真实、有趣、动人。世间也有专为出版而记日记的名人，但那样"摆空架子"的东西，似流水账一般，是毫无价值的。懂得英文的人，应该读塞缪尔·佩皮斯的日记，那是英国文学中最有趣、最有名的日记。

日记的种类——夏丏尊

日记因人的境遇、职业不同，种类当然很多，但大体可别为两种，一是只记述行事的，一是记述内面生活的。在普

通人的日记中，两种时时相合。前者重事实方面，后者重心情方面。例如：

（1）晨某时起，到后园散步，早膳后赴学校。授课三小时。傍晚返寓。S君来谈某事，夜接N自沪来信。灯下作复书。阅新到杂志。十时就寝。

（2）数日来的苦闷，依然无法自解。来客不少，可是都没有兴高采烈地接待他们。客散以后，一味只是懊恼，恨不得将案上的东西，掷个粉碎。天一夜，就蒙被睡了。

上面二例，前者是以行事为本位的，后者是以心情为本位的。两者虽任人自由，没有限制，但为练习文章计，应当注意这两方面的调和；一味抒述内心生活，虽嫌空虚，然账簿式的事实的排列，也实在没有趣味。因此，最好的日记，是于记述事实之中，可以表现心情的做法。请看下例：

昨晚执笔到一点钟；起来觉得有点倦懒。天仍寒雨，窗外桃花却开了。H来谈，知N已病故，不胜无常之感。忽然间N的往事，就成了全家谈话的材料了。下午到校授课，夜仍译《爱的教育》，只成千百字。

上例虽不佳，然可视为两方调和的一例。我国古来，日记中很有可节取的文字；案头现有《复堂日记》，摘录一节如下：

积雨旬日，夜见新月徘徊庭阶，方喜晴而础润①如汗，雨意未已。二更猛雨，少选②势衰，枕上阅洪北江《伊犁日记》《天山客话》终卷。睡方酣，闻空楼雨声密洒，霆雷如百万军声，急起，已床床屋漏矣。两炊许时，雷雨始息，重展衾枕，已黎明，是洪先生出关，车行三四十里时也。

这是清人谭复堂③日记的一节，可以做小品文④读的。笔法虽与现代的不合，但对于实生活的忠实的玩味力和表现力，是可以为法的。

一个人每日的生活，必有几事可记的。一日的日记，如果分析起来，实有几个独立的小品文⑤可成。通常日记，却不必使每一事实都成小品文，只要使一日的日记全体为一小品文，或于其中含一小品文就够了。上例就是于一日的日记中，含一小品文的。

———————

① 础润：地面返潮。

② 少选：一会儿。

③ 谭复堂：即谭献（1832—1901 年），原名廷献，字仲修，号复堂。

④ 小品文：篇幅较小的文章，内容体裁不限。

⑤ 参见讲解小品文章节。

日记的价值，可说的很多，练习文章，也是价值之一。因为日记是实生活的记录，日记的文字，可以打破一切文字上的陈套；要做好日记，非体会吟味实生活不可。所以从日记去学小品文，是很适当的。

▌一篇学生日记的修改——夏丏尊

假如有这样的一篇学生日记：

某月日，星期。

早晨，近处有一小孩被车子碾伤，门前大喧扰。我只在窗口望了一望，不忍近视。后来知道，这受伤的小孩是某家的独子，送入病院以后，即受手术，但愿能就医好。

正预习着明日的功课，李君来了。乃相与共同预习。所预习的是英语。二人彼此猜测先生的发问，不觉都皱了眉。

午餐与李君谈笑共食。

午后到李君家，适他家有亲戚来，李君很忙，我就回来了。

傍晚无事。

灯下继续预习毕，翻阅小说，至敲十一点钟，始惊觉就寝。

先就第一节看，所记的是偶发事项，与自己无直接关系；似乎是可记可不记的材料。如果要记，应只用简洁的词句。不应这样冗长。可改削如下：

早晨，有一个小孩在门口被车子碾伤。附近大喧扰。听说就送入医院去了。

这样已够，再改作如下，则更好：

早晨，有一个小孩在门口被车子碾伤，为之怆然。

"为之怆然"这是感情的语句。加入了可以表出当时的心情。这种表示感情的语句，要简劲有余情，能含蓄丰富才好。

再检查第二节。这节中末句"皱了眉"，很好，但开端太允滞，宜改削如下：

正预习明日的英语，李君来了。乃相与共同预习。彼此猜测先生的发问，不觉皱了眉。

原文，"预习"两见，"所预习的是引文"，是无谓的说明。改作如上，就比较妥当了。

第三节无病。第四节"他家有亲戚来"云云，也与自己无关系，可省略，改如下：

午后因送李君，顺便一到他家就归。

第五节的"傍晚无事"全是废话；无事，无事就是了，何必声明呢？当全删。

第六节无病；末句能表出情味，不失为佳句。

改后的日记：

某月日，星期。

早晨，有一个小孩在门口被车子碾伤，为之怆然。

正预习明日的英语，李君来了。乃相与共同预习。彼此猜测先生的发问，不觉皱了眉。

午后因送李君，顺便一到他家就归。

灯下继续预习毕，翻阅小说，至敲十一点钟，始惊觉就寝。

第九章

书 信

园丁以血泪灌溉出来的花朵
迟早得送到人间去让别人享受，
可是在离别的关头怎么免得了割
舍不得的情绪呢？

傅雷家书（节选）

· 傅雷 ·

聪：

　　车一开动，大家全变成了泪人儿，呆呆地直立在月台上，等到冗长的列车全部出了站方始回身。出站时沈伯伯再三劝慰我。但回家的三轮车上，个个人都止不住流泪。敏一直抽抽噎噎。昨天一夜我们都没好睡，时时刻刻惊醒。今天睡午觉，刚刚蒙眬合眼，又是心惊肉跳地醒了。昨夜月台上的滋味，多少年来没尝到了，胸口抽痛，胃里难过，只有从前失恋的时候有过这经验。今儿一天好像大病之后，一点劲都没得。妈妈随时随地都想哭——眼睛已经肿得不像样了，干得发痛了，还是忍不住要哭。只说了句"一天到晚堆着笑脸"，她又呜咽不成声了。真的，孩子，你这一次真是"一天到晚堆着笑脸"！教人怎么舍得！老想到五三年正月的事，我良心上的责备简直消释不了。孩子，我虐待了你，我永远对不起你，我永远补赎不了这种罪过！这些念头整整一天没离开过我的头脑，只是不敢向妈妈说。人生做错了一件事，良心就永久不得安宁！真的，巴尔扎克说得好：有些罪过只能补赎，不能洗刷！

十八日晚

昨夜一上床，又把你的童年温了一遍。可怜的孩子，怎么你的童年会跟我的那么相似呢？我也知道你从小受的挫折对于你今日的成就并非没有帮助；但我做爸爸的总是犯了很多很重大的错误。自问一生对朋友对社会没有做什么对不起的事，就是在家里，对你和妈妈做了不少有亏良心的事。这些都是近一年中常常想到的，不过这几天特别在脑海中盘旋不去，像噩梦一般。可怜过了四十五岁，父性才真正觉醒！

　　今儿一天精神仍未恢复。人生的关是过不完的，等到过得差不多的时候，又要离开世界了。分析这两天来精神的波动，大半是因为：我从来没爱你像现在这样爱得深切，而正在这爱得最深切的关头，偏偏来了离别！这一关对我、对你妈妈都是从未有过的考验。别忘了妈妈之于你不仅仅是一般的母爱，而尤其因为她为了你花的心血最多，为你受的委屈——当然是我的过失——最多而且最深最痛苦。园丁以血泪灌溉出来的花朵迟早得送到人间去让别人享受，可是在离别的关头怎么免得了割舍不得的情绪呢？

　　跟着你痛苦的童年一齐过去的，是我不懂做爸爸的艺术的壮年。幸亏你得天独厚，任凭如何打击都摧毁不了你，因而减少了我一部分罪过。可是结果是一回事，当年的事实又是一回事：尽管我埋葬了自己的过去，却始终埋葬不了自己的错误。孩子！孩子！孩子！我要怎样地拥抱你才能表示我的悔恨与热爱呢！

十九日晚

信件写于 1954 年 1 月 18 日至 19 日

傅雷 字怒安，号怒庵。翻译家、作家、教育家、美术评论家，中国民主促进会的重要缔造者之一。主要作品有《傅雷家书》，译著有《约翰·克利斯朵夫》《夏倍上校》《人间喜剧》等。

1954年，傅雷的长子傅聪留学波兰，《傅雷家书》就写于这一时期（1954年至1966年），内容多是傅雷与其子的书信。

本文是傅雷所写的第一封信，表达了与儿子离别的哀愁，及对自己曾经严厉行为的深深忏悔。在当时的社会背景下，傅雷诚挚的道歉和对孩子真挚的呼唤，冲破了传统文化沉重的藩篱，跨越了父与子之间的鸿沟。这篇书信表达了父亲对儿子难以割舍的亲情、父爱的深厚，也让人感受到傅雷率真、坦诚的人格。

▌什么是书信——章衣萍

　　书信是最能够表现作者人格的文字，书信可以说理，可以言情，但多数是叙事。古人的书信中如宋代的苏东坡、黄庭坚，唐代的李白、白居易，清代的郑板桥等人，均有许多很可爱的书信。书信最重要的是直写性情，如曾国藩的书信便多装假架子，不是很好。中国人的家信写得好的不多。家长的地位太高了，小一辈子写信大都战战兢兢，吓得什么话也不敢说了。近年来这种地位的尊严的滥调渐渐打破了，家信也写得好起来了。近人冰心女士的《寄小读者》很可看。冰莹女士的《从军日记》也是用信的体裁写的，也很可看。

▍书信的温情——姜建邦

"接到一封信，和来了个客。是同样令人欢喜的。尤其是没有特别事情而叙叙闲情的信，或是无所求于我而来谈天的客人的时候是这样的。"一个最会领略人生趣味的文人这样说。

是的，邮差来的时候，往往是我们最兴奋的时候，远隔万里，有声音轻轻地从纸上传来，使我们的心温暖。我们牵记的事，它会使我们放心；我们系念的人，它会使我们得到安慰。所以伏尔泰说："书信是人生的安慰。"

在我们觉得苦闷、灰心、消极、失意的时候，一封信会再挑起我们的热情，送给我们希望，使我们从要瞌睡的状态下抬起了头，打起了精神。只要世间有绿衣人①存在，人们

---

① 绿衣人：指邮差。

就不会失去了热诚。

人是感情的动物，书信是感情的作品。在书信里面的感情是饱和的，最能动人。多少人因为一封书信解决了他们的问题。《陈情表》是我们熟识的一封信。当时李密因为要服侍祖母不肯出外为官，但官府屡次派人来催，使李密无法应付。最后他写了这封信呈给皇帝，皇帝读了大受感动，答应了李密的要求，并且另外派两位女仆帮助他服侍祖母，命令郡县的兵保护他。一封书信有这样大的力量。

拿破仑是一位盖世英雄，没有人能改变他的主意，只有约瑟芬的情书能牵动他的行止。

文章是给"他"读的，日记是给"我"读的，只有书信是给"你"读的，所以读来特别亲切有味。一个人是孤单冷清，三个人便钩心斗角，产生小党派，只有两个人可以彼此互助，凡事商量，容易过和谐的生活。所以朋友的"朋"字是两个人，友好的"好"字是一子一女。多了就要发生问题。中国字的构造是很有意思的。

和朋友叙谈是人生一大乐事。但是朋友的相会有时和地的限制，书信便打破了这个难关，使我们可以在纸上谈心。

邮局里每天收到的信件，传递的都是朋友的心情。

中国人的书函往来，常具艺术的风韵。信笺的图案，信纸的线条，都是颜色清淡秀丽，文笔也是大有考究。这些书信现在成了珍贵的艺术品，像字画一样地为人看重。

近代更有许多搜集古人书简的，像前几年就曾有位叫郑逸梅的人，在上海南京路大新公司四楼主办过书简展览会。美国摩根是世界闻名的书信收藏家，他的成绩，已被推许为天下的伟观了。

近代写信的方法，完全失去了书信的美。松墨变为钢笔，书写变为打字，这种机械的文明，抹杀了古代的艺术文明，使我们的生活过于落寞寂寥。所以鹤见祐辅主张，我们若是在繁忙的世代，偷半日清闲，写封笔端生风似的信札，也是一件畅怀的快事。

第十章

游记

上了车，一路树木带着宿雨，绿得发亮，地下只有一些水塘，没有一点尘土，行人也不多。又静，又干净。

松堂游记

·朱自清·

去年夏天，我们和 S 君夫妇在松堂住了三日。难得这三日的闲，我们约好了什么事不管，只玩儿，也带了两本书，却只是预备闲得真没办法时消消遣的。

出发的前夜，忽然雷雨大作。枕上颇为怅怅，难道天公这么不作美吗！第二天清早，一看却是个大晴天。上了车，一路树木带着宿雨，绿得发亮，地下只有一些水塘，没有一点尘土，行人也不多。又静，又干净。

想着到还早呢，过了红山头不远，车却停下了。两扇大

142

红门紧闭着，门额是台湾清华大学西山牧场。拍了一会儿门，没人出来，我们正在没奈何，一个过路的孩子说这门上了锁，得走旁门。旁门上挂着牌子"内有恶犬"。小时候最怕狗，有点趑趄①。门里有人出来，保护着进去，一面吆喝着汪汪的群犬，一面只是说"不碍不碍"。

过了两道小门，真是豁然开朗，别有天地。一眼先是亭亭直上，又刚健又婀娜的白皮松。白皮松不算奇，多得好，你挤着我我挤着你也不算奇，疏得好，要像住宅的院子里，四角上各来上一棵，疏不是？谁爱看？这儿就是院子大得好，就是四方八面都来得好。中间便是松堂，原是一座石亭子改造的，这座亭子高大轩敞，对得起那四围的松树，大理石柱，大理石栏杆，都还好好的，白，滑，冷。白皮松没有多少影子，堂中明窗净几，坐下来清清楚楚觉得自己真太小。在这样高的屋顶下。树影子少，可不热，廊下端详那些松树灵秀的姿态，洁白的皮肤，隐隐的一丝儿凉意便袭上心头。

---

① 　趑趄：脚步不稳。

143

堂后一座假山，石头并不好，堆叠得还不算傻瓜。里头藏着个小洞，有神龛，石桌，石凳之类。可是外边看，不仔细看不出，得费点心去发现。假山上满可以爬过去，不顶容易，也不顶难。后山有座无梁殿，红墙，各色琉璃砖瓦，屋脊上三个瓶子，太阳里古艳照人。殿在半山，岿然独立，有俯视八极气象。天坛的无梁殿太小，南京灵谷寺的太黯淡，又都在平地上。山上还残留着些旧碉堡，是乾隆打金川时在西山练健锐云梯营用的，在阴雨天或斜阳中看最有味。又有座白玉石牌坊，和碧云寺塔院前那一座一般，不知怎样，前年春天倒下了，看着怪不好过的。

　　可惜我们来的还不是时候，晚饭后在廊下黑暗里等月亮，月亮老不上，我们什么都谈，又赌背诗词，有时也沉默一会儿。黑暗也有黑暗的好处，松树的长影子阴森森的有点像鬼物拿土。但是这么看的话，松堂的院子还差得远，白皮松也太秀气，我想起郭沫若君《夜步十里松原》那首诗，那才够阴森森的味儿——而且得独自一个人。好了，月亮上来了，却又让云遮去了一半，老远地躲在树缝里，像个乡下姑娘，羞答答的。从前人说："千呼万唤始出来，犹抱琵琶半遮面。"

真有点儿！云越来越厚，由他罢，懒得去管了。可是想，若是一个秋夜，刮点西风也好。虽不是真松树，但那奔腾澎湃的"涛"声也该得听吧。

西风自然是不会来的。临睡时，我们在堂中点上了两三支洋蜡。怯怯的焰子让大屋顶压着，喘不出气来。我们隔着烛光彼此相看，也像蒙着一层烟雾。外面是连天漫地一片黑，海似的。只有远近几声犬吠，教我们知道还在人间世里。

朱自清　原名自华，号秋实，后改名自清，字佩弦。中国现代著名散文家、诗人、学者。主要作品有《踪迹》《背影》《欧游杂记》《伦敦杂记》等。

　　《松堂游记》记叙的是作者在游览松堂过程中的所见所感。全文仅一千多字，然而文章通过情景交融的手法，让读者有身临其境之感，令人无限神往。

　　文章语言简练自然，脉络清楚，布局精巧，用简洁的语言表达出丰富的思想和内涵。作者还用了对比的手法，化平实为空灵。例如用"行人也不多，又静，又干净"来描写环境的幽静，又用"一面吆喝着汪汪的群犬，一面只是说'不碍不碍'"与之进行对照，突出了环境的静谧和空灵。

▍为什么要写游记——章衣萍

　　游历是很重要的。古人曾说："太史公游历海内名山大川，故为文有奇气。"所以"读万卷书，走万里路"，是古代文人传为美谈的。欧西文人嘉勒尔（Carlyle）将人们分为三种，说："第三流的人物，是诵读者；第二流的人物，是思索者；第一流最伟大的人物，是阅历者。"（参看鹤见祐辅《思想·山水·人物》二百七十页，鲁迅译）那简直以"走万里路"比"读万卷书"还有价值而且重要了。我的朋友孙伏园

君，也是喜欢游历的，他曾说："留学生未出国以前，最好先在本国各省旅行一遍，认清楚自己的本国，然后再看旁人国里的事情，比较更有趣味。"这也是很有意义的话。但旅行而不写游记，走马看花，也毫无益处。试看中国留学欧美、日本的人那么多，但关于欧美、日本的有价值的游记一本也没有。许多的留学生都是糊涂而去，糊涂而来，在外国吃面包、找朋友罢了！

但游记的性质也因作游记人的趣味而不同。有的人旅行为着鉴赏风物，这是文学家的旅行。有的人旅行为着观察社会，这是哲学家的旅行。

游历是有益于学问的。但我们学文学的人，游历时大概喜欢欣赏风景。可是好风景正同云烟一般，一瞥即过。所以袋里应该带一本簿子，无论是风俗，是人情，是风景，有趣味的都可以记下来。我们应该提倡带了簿子去游历。

我的朋友孙氏兄弟的《伏园游记》①及《山野掇拾》（孙福熙著）都是很好的，很可看。古人游记中《徐霞客游

---

① 《伏园游记》：由孙伏园著。

记》（丁文江校点本）也是很好的，可说是中国第一部记游历的书。懂得英文的人，华盛顿·欧文（Washington Irving）的《见闻杂记》，是很可看的。又如威尔斯（H. G. Wells）的《近代乌托邦》及《如神的人们》也可看，在那些著作中可看出威尔斯的旅行热的心情的，并且带在游历的路上看，也很有趣味。

▍从观察到文字——夏丏尊

观察第一要件在真实，观察力若尚未养成，所想象的也难免不合实际。如画家然，必先从摹写实物人体入手，熟悉各种形态、骨骼、筋肉的变化，然后可从事创作。

但眼前的材料很多，从哪里观察起呢？这本不成问题，所以发生这疑问，实由于着手就想创作名文。老实说，名文并不是一蹴可就的。在初时，最好就部分的、平凡事物中搜集材料，逐渐制作，渐渐地自会熟达，成近于名文的文字。文字的好坏，本不在材料的性质，而在表现的技能。善烹调的，无论用了怎样平常的原料，也能做出可口的肴馔^①来。世上森罗万象，一入能文者的笔端就都成了好文章了。

无论什么材料都可用，只要观察仔细了，把它写出来，就成文字；这样说法，作文不是很容易的吗？其实，这是大大的难事。写出原是容易，但要将自己所观察得的，依样传给别人，使别人也起同样的心情，这却很难；并且不如此，文字就没了意义了。

现在试示一二作例吧：

假定我们观察春日的田野，在笔记本上，得到下列的材料：

（1）草青青地长着，草上有两个蝴蝶在那里翩翩飞舞，一只是黄蝴蝶，一只是白蝴蝶。

（2）小川潺潺流着，水面被日光反射成银白色。

（3）远远的树林，晕成紫色，其上飘着蓬蓬的白云。

（4）两个老鹰在空中回旋，不时落近到地面来。

（5）温风吹在身上，日头照在头上，藉草坐了，竟想睡去，我不禁立了唱起歌来了。

---

① 肴馔：指菜肴。

材料有了，更要把这材料连缀起来成文字。那么怎样连缀呢？先就全体材料的性质考察：草——蝴蝶——小川——树林——云——老鹰——温风——日光。这里面，树林和云是远景，老鹰也比较的不近，草、蝴蝶、小川是和作者最相近的。照普通的顺序，先说近的，后说远的，原来的排列，似乎也没打错。但依原形连缀拢来，究竟不成文章：第一，接合不稳；第二，词句未净。

（1）句虽明了，但是不干净，多冗词。"草""草上""两个蝴蝶""黄蝴蝶""白蝴蝶"相同的名词叠出，文趣不好；应改削如下：

青青的草上，有黄白二蝶翩翩飞舞。

这样就够了。（2）没有什么可删的，原形也可用。不过突然与（1）连接，文有点不合拍。如果加入一句"草的尽处"，连接起来就不突兀，并且景色也较能表出。

其次是（3）和（4）了。这二者要互易顺序，景物才能统一，为了与上文连接及表出春日的心情起见，加上一句"抬起倦眼仰望"，更得情味。其余一仍其旧，将全体连缀起来如下：

青青的草上，有黄白二蝶翩翩起舞。草的尽处，小川潺潺流着，水面被日光反射成银白色。

抬起倦眼仰望，两个老鹰在空中回旋，不时落近在地面来。远处的树林，晕成紫色，其上飘着蓬蓬的白云。

温风吹在身上，日光照在头上，藉草坐了。竟想睡去，我不禁立了唱起歌来了。

这样，文虽不工，但繁词已去，连接也无大病，春野的景色，春日的情感，已能表出若干了。

▌游记怎样分段——夏丏尊

文字的分段，和句段性质一样，同是表示区划的。最小的区划是逗，其次是句，再其次是段。有时还有空一行另写，表示比段更大的区划的。

分段不但使文字易读，且使文字有序不紊。分段有长有短，原视人而不同，但大体也有一定的标准，就是要每段自成一段落。用前节的例来说：

青青的草上，有黄白二蝶翩翩起舞。草的尽处，小川潺潺流着，水面被日光反射成银白色。

抬起倦眼仰望，两个老鹰在空中回旋，不时落近在地面来。远处的树林，晕成紫色，其上飘着蓬蓬的白云。

温风吹在身上，日光照在头上，藉草坐了。竟想睡去，我不禁立了唱起歌来了。

这文是分作三段写成的。第一段着眼近处，第二段着眼远处，两不相同，所以换行另写。第三段是心情的抒述，和前两段叙述事物的又不同，所以再别做一段。换一着眼点，就把文字分段，这是普通的标准。

所要注意的，就是标准只是相机而定的。例如上文第一段，所包含的事物有草、蝶、小川三项，如果在全文描写精细，不这样简单的时候，那么由草而蝶，由蝶而小川，都可说是着眼点的更换，就都应分段了（下面两段也是这样）。上文所以合为一段，一因文字简单，二因所写的都是近景的缘故。

分段还有把每段特别提出的意思，能使分出的文字增加强度。有时，往往因为要想使某文句增加强度，特意分行写列的。试看下例：

K君从车窗探出头来说"再会"。我也说了声"再会"，不觉声音发颤了。K君也把眼圈红了起来。汽笛威吓似的一作声，车就开动。我目送那车的移行，不久被树林遮阻，眼前只留着一片的原野。

啊！K君终于去了。

我不觉要哭起来了。

这文末二句原可并为一段的，却作二行写着。分段以后，语气加强，连全文都加了强度了。能适当分段，也是文章技巧之一，但须入情合理，不可无谓妄饰。

第十一章

诗歌

我的记忆是忠实于我的，忠
实甚于我最好的友人……在一切
有灵魂没有灵魂的东西上，它在
到处生存着，像我在这世界一样。

我的记忆

·戴望舒·

我的记忆是忠实于我的，

忠实甚于我最好的友人。

它生存在燃着的烟卷上，

它生存在绘着百合花的笔杆上，

它生存在破旧的粉盒上，

它生存在颓垣的木莓上，

它生存在喝了一半的酒瓶上，

在撕碎的往日的诗稿上，在压干的花片上，

在凄暗的灯上，在平静的水上，

在一切有灵魂没有灵魂的东西上，

它在到处生存着，像我在这世界一样。

它是胆小的，它怕着人们的喧嚣，

但在寂寥时，它便对我来作密切的拜访。

它的声音是低微的，

但它的话却很长，很长，

很长，很琐碎，而且永远不肯休；

它的话是古旧的，老讲着同样的故事，

它的音调是和谐的，老唱着同样的曲子，

有时它还模仿着爱娇的少女的声音，

它的声音是没有气力的，

而且还挟着眼泪，夹着太息。

它的拜访是没有一定的，

在任何时间，在任何地点，

时常当我已上床，朦胧地想睡了；

或是选一个大清早，

人们会说它没有礼貌，

但是我们是老朋友。

它是琐琐地永远不肯休止的，

除非我凄凄地哭了，

或者沉沉地睡了，

但是我永远不讨厌它，

因为它是忠实于我的。

戴望舒 名承，字朝安。中国现代派象征主义诗人、翻译家。曾经和杜衡、张天翼和施蛰存等人创办《兰友》旬刊。主要作品有小说《债》《卖艺童子》《母爱》，诗歌《雨巷》《我的记忆》等。

名 作 赏 析

《我的记忆》写于1927年大革命失败以后。

这首诗构思奇特，将抽象的记忆形象化，作为独立于人的有生命的存在。通过"我"与"记忆"间忠实关系的描写，表现了诗人在现实生活中苦闷、哀怨与迷茫的情绪。作者使用了以散文入诗的创作方法，开创了诗歌新的创作方式。虽用词口语化，却不影响诗人感情的传递，让读者感受到诗中的忧伤和哀怨。作者在诗中赋予"记忆"以人的感情，隐藏了自己的感情，是这首诗最大的艺术魅力。

写诗究竟是怎么一回事——林徽因

　　写诗，或可说是要抓紧一种一时闪动的力量，一面跟着潜意识浮沉，摸索自己内心所萦回，所着重的情感——喜悦，哀思，幽怨，恋情，或深，或浅，或缠绵，或热烈，又一方面顺着直觉，认识，辨味，在眼前或记忆里官感所触遇的意象——颜色，形体，声音，动静，或细致，或亲切，或雄伟，或诡异；再一方面又追着理智探讨，剖析，理会这些不同的性质，不同分量，流转不定的情感意象所互相融会，交错策动而发生的感念；然后以语言文字（运用其声音意义）经营，描画，表达这内心意象，情绪，理解在同时间或不同时间里，适应或矛盾的所共起的波澜。

写诗，或又可说是自己情感的，主观的，所体验了解到的；和理智的客观的所体察辨别到的，同时达到一个程度，腾沸横溢，不分宾主地互相起了一种作用，由于本能的冲动，凭着一种天赋的兴趣和灵巧，驾驭一串有声音，有图画，有情感的言语，来表现这内心与外物息息相关的联系，及其所发生的悟理或境界。

写诗，或又可以说是若不知其所以然的，灵巧的，诚挚的，在传译给理想的同情者，自己内心所流动的情感穿过繁复的意象时，被理智所窥探而由直觉与意识分着记取的符录！一方面似是惨淡经营——至少是专诚致意，一方面似是借力于平时不经意的准备，"下笔有神"的妙手偶然拈来；忠于情感，又忠于意象，更忠于那一串刹那间内心整体闪动的感悟。

写诗，或又可说是经过若干潜意识的酝酿，突如其来的，在生活中意识到那么凑巧的一顷刻小小时间；凑巧的，灵异

的，不能自已的，流动着一片浓挚或深沉的情感，敛聚着重重繁复演变的情绪，更或凝定入一种单纯超卓的意境，而又本能地迫着你要刻画一种适合的表情。这表情积极的，像要流泪叹息或歌唱欢呼，舞蹈演述；消极的，又像要幽独静处，沉思自语。换句话说，这两者合一，便是一面要天真奔放，热情地自白去邀同情和了解，同时又要寂寞沉默，孤僻地自守来保持悠然自得的完美和严肃！

在这一个凑巧的一顷刻小小时间中（着重于那凑巧的），你的所有直觉，理智，官感，情感，记性和幻想，独立的及交互的都迸出它们不平常的锐敏，紧张，雄厚，壮阔及深沉。在它们潜意识的流动——独立的或交互的融会之间——如出偶然而又不可避免地涌上一闪感悟，和情趣——或即所谓灵感——或是亲切的对自我得失悲欢；或辽阔的对宇宙自然；或智慧的对历史人性。这一闪感悟或是混沌朦胧，或是透彻明晰。像光同时能照耀洞察，又能揣摩包含你的所有已经尝味，还在尝味，及幻想尝味的"生"的种种形色质量，且又活跃着其间错综重叠于人于我的意义。

这感悟情趣的闪动——灵感的脚步——来得轻时，好比潺潺清水婉转流畅，好比自然的洗涤，浸润一切事物情感，倒影映月，梦残歌罢，美感的旋起一种超实际的权衡轻重，可抒成慷慨缠绵千行的长歌，可留下如幽咽微叹般的三两句诗词。愉悦的心声，轻灵的心画，常如啼鸟落花，轻风满月，夹杂着情绪的缤纷；泪痕巧笑，奔放轻盈，若有意若无意地遗留在各种言语文字上。

但这感悟情趣的闪动，若激越澎湃来得强时，可以如一片惊涛飞沙，由大处见到纤微，由细弱的物体看它变动，宇宙人生，幻若苦谜。一切又如经过烈火燃烧锤炼，分散，减化成为净纯的茫焰气质，升出所有情感意象于空幻，神秘，变移无定，或不减不变绝对，永恒的玄哲境域里去，卓越隐奥，与人性情理遥远的好像隔成距离。身受者或激昂通达，或禅寂淡远，将不免挣扎于超情感，超意象，乃至于超言语，以心传心的创造。隐晦迷离，如禅偈玄诗，便不可制止地托生在与那幻想境界几不适宜的文字上，估定其生存权。

……

总而言之，天知道究竟写诗是怎么一回事。在写诗的时候，或者是"我知道，天知道"；到写了之后，最好学

Browning[①] 不避嫌疑的自讯，只承认"天知道"，天下关于写诗的笔墨官司便都省了。

我们仅听到写诗人自己说一阵奇异的风吹过，或是一片澄清的月色，一个惊讶，一次心灵的振荡，便开始他写诗的尝试，迷于意境文字音乐的搏斗，但是究竟这灵异的风和月，心灵的振荡和惊讶是什么？是不是仍为那可以追踪到内心直觉的活动；到潜意识后面那综错交流的情感与意象；那意识上理智的感念思想；以及要求表现的本能冲动？灵异的风和月所指的当是外界的一种偶然现象，同时却也是指它们是内心活动的一种引火线。诗人说话没有不打比喻的。

我们根本早得承认诗是不能脱离象征比喻而存在的。在诗里情感必依附在意象上，求较具体的表现；意象则必须明晰地或沉着地，恰适地烘托情感，表征含义。如果这还需要解释，常识的，我们可以问：在一个意识的或直觉的，官感，情感，理智，同时并重的一个时候，要一两句简约的话来代表一堆重叠交错的外象和内心情绪思想所发生的微妙的联

---

① 罗伯特·勃朗宁：英国维多利亚时代诗人，著有诗集《男男女女》《剧中人物》等。

系，而同时又不失却原来情感的质素分量，是不是容易或可能的事？一个比喻或一种象征在字面或事物上可以极简单，而同时可以带着字面事物以外的声音颜色形状，引起它们与其他事关系的联想。这个办法可以多方面地来辅助每句话确实的含义，而又加增官感情感理智每方面的刺激和满足，道理甚为明显。

无论什么诗都从不会脱离过比喻象征，或比喻象征式的言语。诗中意象多不是寻常纯客观的意象。诗中的云霞星宿，山川草木，常有人性的感情，同时内心人性的感触反又变成外界的体象，虽简明浅现隐奥繁复各有不同的。但是诗虽不能缺乏比喻象征，象征比喻却并不是诗。

诗的泉源，上面已说过，是意识与潜意识地融会交流错综的情感意象和概念所促成；无疑地，诗的表现必是一种形象情感思想合一的语言。但是这种语言，不能仅是语言，它又须是一种类似动作的表情，这种表情又不能只是表情，而须是一种理解概念的传达。它同时须不断传译情感，描写现象诠释感悟。它不是形体而须创造形体颜色；它是音声，却最多仅要留着长短节奏。最要紧的是按着疾徐高下，和有限

的铿锵音调，依附着一串单独或相联的字义上边；它须给直觉意识，情感理智，以整体的快惬。

因为相信诗是这样繁难的一列多方面条件的满足，我们不能不怀疑到纯净意识的，理智的，或可以说是"技术的"创造——或所谓"工"之绝无能为。诗之所以发生，就不叫它做灵感的来临，主要的亦在那一闪力量突如其来，或灵异的一刹那的"凑巧"，将所有繁复的"诗的因素"都齐集荟萃于一俄顷偶然的时间里。所以诗的创造或完成，主要亦当在那灵异的，凑巧的，偶然的活动一部分属意识，一部分属直觉，更多一部分属潜意识的，所谓"不以文而妙"的"妙"。理智情感，明晰隐晦都不失之过偏。意象瑰丽迷离，转又朴实平淡，像是纷纷纭纭不知所从来，但飘忽中若有必然的缘素可寻，理解玄奥繁难，也像是纷纷纭纭莫名所以。但错杂里又是斑驳分明，情感穿插联系其中，若有若无，给草木气候，给热情颜色。一首好诗在一个会心的读者前边有时真会是一个奇迹！但是伤感流丽，铺张的意象，涂饰的情感，用人工连缀起来，疏忽地看去，也未尝不像是诗。故作玄奥渊博，颠倒意象，堆砌起重重理喻的诗，也可以赫然惊人一下。

写诗究竟是怎么一回事，真是唯有天知道得最清楚！读者与作者，读者与读者，作者与作者关于诗的意见，历史告诉我传统的是要永远地差别分歧，争争吵吵到无尽时。因为老实地说，谁也仍然不知道写诗是怎么一回事的，除却这篇文字所表示的，勉强以抽象的许多名词，具体的一些比喻来捉摸描写那一种特殊的直觉活动，献出一个极不能令人满意的答案。

▌从诗的本质了解如何写诗——老舍

诗的本质到底是什么呢？我想应该这么说：第一，诗中须有想，而且不是平凡的人云亦云的思想；诗中所要表达与传播的是崇高的、进步的、阐明真理的思想。一个诗人也必是个思想家。第二，诗中须有感情，而且是高伟深厚丰富的感情，不是泛泛的不疼不痒的一点伤感。一个诗人也必是个热爱人生，拥护真理，反抗压迫，疾恶如仇，见义勇为，是非分明，爱憎分明的热心肠的人。第三，专凭思想与感情还不行。诗人必须还有本领把思想与感情用最美妙最动人的语

言表达出来，凭这表达方法使人感动，使人欲罢不能地歌咏赞叹，接受他的教训。这样，一首好诗就必是有崇高思想感情的和语言的精华的作品；这作品使人喜爱，使人惊叹，使人不忍释手地反复吟咏，使人手舞足蹈地受到感染。

这么说来，诗不是就很难作了呢？是呀，诗的确很难作！请看看，全世界多少年来可有几个杜甫，几个普希金，几个莎士比亚呢？

那么，我们就不要学作诗了么？不该这样说！我们还是应该学作诗，不过要知道其中的难处，以免一试不成，就灰心丧气；也免得存着侥幸心，只从皮毛上去学习，以为知道了某种形式就能做出某体的诗来。学会作诗可不那么简单！看吧，古代诗人用"呕心沥血"，用"语不惊人死不休"来说明作诗的艰苦。这些话并非故意夸大，而是表明诗人的创作决心与责任感。随随便便作的诗必不能成为结结实实的诗。因此，我们学习作诗必须先要提高思想水平，认清作诗是为传播真理，不是为做文字游戏。我们也必须要去丰富生活，以便反映社会现实，从生活斗争中培养我们爱什么与反对什么的强烈感情，好在诗中有热情的歌颂，也有严厉的批评。我们还要时时刻刻细心地观察一切，一花一草之微也不遗漏，以便丰富我们具体描写细致刻画的本领，通过形象说出我们的思想与情感来。自然，我们还必须掌握语言文字的精选妙用，以便用最简练有力的词句道出最高的思想和最复杂的感情，把思想感情与语言结为一体，无可分割，无可增减，使读者自愿地背下全诗，时时吟咏玩味。

▎怎样学写诗——老舍

诗最难，诗也最容易，我们要当心。能写很好的散文的未必能写诗；因为诗的条件较散文为多；设若连散文还写不好，就更不可以轻易弄诗了。不过，散文必须写得清楚，必须有条有理的成篇；而诗呢，仿佛含混一些也可以，而且可长可短，形式最自由。于是作诗似乎比散文还省着点力气；诗就多起来，诗可也就不像样子了。学旧诗的知道了规矩便可照式填满，然而这只是"填"，不是"作"。喜新诗的便连规矩也不必管，满可以不加思索，一挥而就；然而是诗与否，深可怀疑。

青年朋友们每问我怎样作诗，我非诗人，不敢置答。今天是诗人节，又想起此问题，很愿写出几句；对与不对，不敢保证。

假若今天有位青年想要写诗，我必先请他把散文写好了再说。好的散文虽没有诗的形式与极精妙的语言，可是一字一句也绝不是随便可以写出来的。把散文写好并不是件容易的事。赶到散文已有相当的把握，再去写诗，才知道诗的难写，而晓得怎样用心了。

练习散文的时候最好是写故事。故事里有人有景。人有个性及感情，景有独特之美。能于故事中，于适当的字传情写景，然后才能更进一步，以最精炼的文字，一语道出，深情佳景。无至情，无真诗，须于故事中详为揣摩，配以适当的文字。如是立下基础，而后可以言诗；否则未谙人情，何从吟咏？

写情写景略有把握，更须多读名著，以窥写诗之术。自己写几句，与名家著作比较一下，最为有益。

读得多了，再从事习作。凡写一题，须有真情实感。草草写下，一气呵成。既成，放置一二日，再加修改；过一二日，再修改，务求文到情溢，有真情，有好景，有音节，无一废词冗字。如是努力，而仍不得佳作，须检讨自己：是不是对人对事对物的观察不够，或生活太狭，或学识太浅，或为人未能宽大宏朗，致以个人的偏私隐晦了崇高远大的理想……自省的功夫既严，必能发现自身之短，这才有醒悟，有进步。诗不是文字的玩弄，要在表现其"人"；人之不存，诗何以立？设若只为由科员升为科长，正自别有办法，不必于诗中求之。

青年朋友们，我本非诗人，故决不怕你们诗法高明，夺去我的饭碗。我真诚地盼望你们成为诗人，故不敢不说实话——实话总是不甚甘甜，罪过！罪过！

▌怎样在诗句中用好比喻——老舍

旧体诗有个严重的毛病：爱用典故。从一个意义来说，用典故也是一种比喻。寿比南山是比喻，寿如彭祖也是比喻——用彭祖活了八百岁的典故，祝人长寿。典故用恰当了，能使形象鲜明，想象丰富。可是，典故用多了便招人讨厌，而且用多了就难免生拉硬扯，晦涩难懂。有许多旧体诗是用典故凑起来的，并没有多少诗意，所以既难懂，又讨厌。

白话诗大致矫正了贪用典故的毛病，这很好。可是，既是诗，就不能不用比喻。所以新诗虽用典渐少，可是比喻还很多，以便做到诗中有画。于是，又出了新毛病：比喻往往太多，太多也就难免不恰当。

贪用比喻，往往会养成一种习惯——不一针见血地说话，而每言一物一事必是像什么，如什么。这就容易使诗句冗长，缺乏真带劲头的句子。一来二去，甚至以为诗就是扩大化的"好比"，一切都须好比一下，用不着干干净净地说真话。这是个毛病。

比喻很难恰当。不恰当的不如不用。把长江大桥比作一张古琴，定难尽职。古琴的尺寸很短，古琴也不是摆在水上的东西，火车汽车来往的响声不成曲调，并且不像琴声那么微弱……这差点事儿。把汽车火车的声音比作交响乐，也同样差点事儿。

比喻很难精彩。所以好用比喻的人往往不能不抄袭前人的意思，以至本是有创造性的设喻逐渐变成了陈词滥调。"芙蓉为面柳为腰"本来不坏，后来被蝴蝶鸳鸯派诗人用滥了，便令人难过。至于用这个来形容今天乘风破浪的女同志们就更不对头了。

不恰当的比喻，不要。恰当的比喻应更进一步，力求精彩。就是精彩的也不如直接地把话说出来。陆放翁是咱们的大诗人，他有个好用"如""似"的毛病。什么"读书似走名场日，许国如骑战马时"呀，什么"生计似蛛聊补网，弊庐如燕旋添泥"呀，很多很多。这些比喻叫他的作品有时候显得纤弱。他的名句："王师北定中原日，家祭无忘告乃翁"，便不同了。这是爱国有真情，虽死难忘。这是真的诗，千载之后还使我们感动。那些带有"如""似"的句子并没有这股子劲头。

比喻不是完全不可以用，但首先宜求恰当，还要再求精彩。诗要求形象。比喻本是利用联想（以南山比长寿）使形象更为突出。但形象与形象的联系必须合理、巧妙，否则乱比一气，成了笑话。南山大概除了忽然遇到地震，的确可以长期存在，以喻长寿，危险不大。以古琴比长江大桥就有危险，一块石头便能把古琴（越古越糟）打碎。谁能希望长江大桥不久就垮架呢！

再随手举一两个例子：

那柔弱的兰草，怎能比你们刚强！

兰草本来柔弱，比它作甚呢？

川峡公路像一个稀烂的泥塘。

公路很长，泥塘是"塘"，不是看不到头的公路。两个形象不一致。

萧萧落木是她啜泣的声音。

"萧萧"——相当的响；"啜泣"——无声为泣。自相矛盾。

也许这近于吹毛求疵吧？不是的。诗是语言的结晶，必须一丝不苟。诗中的比喻必须精到，这是诗人的责任。找不到好的比喻就不比喻，也还不失为慎重。若是随便一想，即写出来，便容易使人以为诗很容易作，可以不必推敲再推敲。这不利于诗的发展。

第十二章

创意想象

你向着那丝看，冬天的太阳照满了屋内，窗明几净，每朵含苞的，开透的，半开的梅花在那里挺秀吐香，情绪不禁迷茫缥缈地充溢心胸，在那刹那的时间中振荡。

蛛丝和梅花

·林徽因·

真真的就是那么两根蛛丝，由门框边轻轻地牵到一枝梅花上。就是那么两根细丝，迎着太阳光发亮……再多了，那还像样么？一个摩登家庭如何能容蛛网在光天白日里作怪，管它有多美丽，多玄妙，多细致，够你对着它联想到一切自然，造物的神工和不可思议处；这两根丝本来就该使人脸红，且在冬天够多特别！可是亮亮的，细细的，倒有点像银，也有点像玻璃制的细丝，委实不算讨厌，尤其是它们那么洒脱风雅，偏偏那样有意无意地斜着搭在梅花的枝梢上。

你向着那丝看，冬天的太阳照满了屋内，窗明几净，每朵含苞的，开透的，半开的梅花在那里挺秀吐香，情绪不禁迷茫缥缈地充溢心胸，在那刹那的时间中振荡。同蛛丝一样的细弱，和不必需，思想开始抛引出去：由过去牵到将来，意识的，非意识的，由门框梅花牵出宇宙，浮云沧波踪迹不定。是人性，艺术，还是哲学，你也无暇计较，你不能制止你情绪的充溢，思想的驰骋，蛛丝梅花竟然是瞬息可以千里！

好比你是蜘蛛，你的周围也有你自织的蛛网，细致地牵引着天地，不怕多少次风雨来吹断它，你不会停止了这生命上基本的活动。此刻……"一枝斜好，幽香不知甚处，"……

拿梅花来说吧，一串串丹红的结蕊缀在秀劲的傲骨上，最可爱，最可赏，等半绽将开地错落在老枝上时，你便会心跳！梅花最怕开；开了便没话说。索性残了，沁香拂散同夜里炉火都能成了一种温存的凄清。

记起了，也就是说到梅花，玉兰。初是有个朋友说起初恋时玉兰刚开完，天气每天的暖，住在湖旁，每夜跑到湖边林子里走路，又静坐幽僻石上看隔岸灯火，感到好像仅有如

177

此虔诚地孤对一片泓碧寒星远市，才能把心里情绪抓紧了，放在最可靠最纯净的一撮思想里，始不至亵渎了或是惊着那"寤寐思服"的人儿。那是极年轻的男子初恋的情景——对象渺茫高远，反而近求"自我的"郁结深浅——他问起少女的情绪。

就在这里，忽记起梅花。一枝两枝，老枝细枝，横着，虬着，描着影子，喷着细香，太阳淡淡金色地铺在地板上；四壁琳琅，书架上的书和书签都像在发出言语，墙上小对联记不得是谁的集句；中条是东坡的诗。你敛住气，简直不敢喘息，踮起脚，细小的身形嵌在书房中间，看残照当窗，花影摇曳，你像失落了什么，有点迷惘。又像"怪东风着意相寻"，有点儿没主意！浪漫，极端的浪漫。"飞花满地谁为扫？"你问，情绪风似的吹动，卷过，停留在惜花上面。再回头看看，花依旧嫣然不语。"如此娉婷，谁人解看花意，"你更沉默，几乎热情地感到花的寂寞，开始怜花，把同情统统诗意地交给了花心！

这不是初恋，是未恋，正自觉"解看花意"的时代。情绪的不同，不只是男子和女子有分别，东方和西方也甚有差异。情绪即使根本相同，情绪的象征，情绪所寄托，所栖止的事物却常常不同。水和星子同西方情绪的联系，早就成了习惯。一颗星子在蓝天里闪，一流冷涧倾泻一片幽愁的平静，便激起他们诗情的波涌，心里甜蜜地，热情地便唱着由那些鹅羽的笔锋散下来的"她的眼如同星子在暮天里闪"，或是"明丽如同单独的那颗星，照着晚来的天"，或"多少次了，在一流碧水旁边，忧愁倚下她低垂的脸"。

惜花，解花太东方，亲昵自然，含着人性的细致是东方传统的情绪。

此外年龄还有尺寸，一样是愁，却跃跃似喜，十六岁时的，微风零乱，不颓废，不空虚，巅着理想的脚充满希望，东方和西方却一样。人老了脉脉烟雨，愁吟或牢骚多折损诗的活泼。大家如香山，稼轩，东坡，放翁的白发华发，很少不梗在诗里，至少是令人不快。话说远了，刚说是惜花，东方老少都免不了这嗜好，这倒不论老的雪鬓曳杖，深闺里也就攒眉千度。

最叫人惜的花是海棠一类的"春红"，那样娇嫩明艳，开过了残红满地，太招惹同情和伤感。但在西方即使也有我们同样的花，也还缺乏我们的廊庑庭院。有了"庭院深深深几许"才有一种庭院里特有的情绪。如果李易安的"斜风细雨"底下不是"重门须闭"也就不"萧条"得那样深沉可爱；李后主的"终日谁来"也一样的别有寂寞滋味。看花更须庭院，深深锁在里面认识，不时还得有轩窗栏杆，给你一点凭借，虽然也用不着十二栏杆倚遍，那么慵弱无聊。

当然旧诗里伤愁太多；一首诗竟像一张美的证券，可以照着市价去兑现！所以庭花，乱红，黄昏，寂寞太滥，诗常失却诚实。西洋诗，恋爱总站在前头，或是"忘掉"，或是"记起"，月是为爱，花也是为爱，只使全是真情，也未尝不太腻味。就以两边好的来讲。拿他们的月光同我们的月色比，似乎是月色滋味深长得多。花更不用说了，我们的花"不是预备采下缀成花球，或花冠献给恋人的"，却是一树一树绰约的，个性的，自己立在情人的地位上接受恋歌的。

所以未恋时的对象最自然的是花，不是因为花而起的感慨——十六岁时无所谓感慨——仅是刚说过的自觉解花的情绪，寄托在那清丽无语的上边，你心折它绝韵孤高，你为花动了感情，实说你同花恋爱，也未尝不可——那惊讶狂喜也不减于初恋。还有那凝望，那沉思……

一根蛛丝！记忆也同一根蛛丝，搭在梅花上就由梅花枝上牵引出去，虽未织成密网，这诗意的前后，也就是相隔十几年的情绪的联络。

午后的阳光仍然斜照，庭院阒然，离离疏影，房里窗棂和梅花依然伴和成为图案，两根蛛丝在冬天还可以算为奇迹，你望着它看，真有点像银，也有点像玻璃，偏偏那么斜挂在梅花的枝梢上。

二十五年新年漫记

林徽因　中国著名诗人、作家、建筑学家。代表作有诗歌《你是人间四月天》，小说《九十九度中》，散文《一片阳光》，等等。

　　本文语言清丽婉转，富有诗意美，体现了林徽因典雅、精致、理智的语言风格。

　　作者采用托物起兴的手法，通过两根蛛丝经过门框缠绕到一枝梅花上的小发现，展开了丰富的联想，带领读者在脑海中绘出一幅美丽雅致、玄妙神奇的蛛丝梅花图。全文从蛛丝和梅花开始，牵引到天地宇宙、过去未来，借物言志，蕴意深刻。结尾又从联想到现实，为我们展示了"一花一世界"的写作奥义，体现了"民国才女"的才华横溢。

怎样让文章体现出机智——夏丏尊

相传有一画师，出了一个"花衬马蹄香"的画题，叫许多学生各画一幅。大多数的学生，都从题目的正面着想，画了许多落花，上面再画一个骑马扬鞭的人。这是何等的煞风景呢！有一个聪明学生，却不画一片的花瓣，只画一匹马，另外加上许多只随马蹄飞的蝴蝶；画师非常赞许。这是侧面观察成功的一例。

侧面观察，就是于事物的普通光景以外，再去找出常人心中所无而实际却有的光景来；这虽有赖于观察力的周到，但基本却在机智的活动。凡是事物，无论如何细小，要想用文字把它表现净尽，究竟是不可能的事。用文字表现，要能使人读了如目见身历，收得印象，全在一二关于某事物的特色。只要是特色，虽然很小很微，也足暗示某事物的全体。

例如：梅雨时候，要描写这霉时的光景，如果用平板正面的观察的方法来写，不知要用多少字才能写出（其实无论多少字，也写不完全的）。在这时候，假使有人把"蛛网"详细观察，发现"雾样的细雨，把蛛网糁成白色"的一种特别的光景，把这不大经人意的材料和别的事情景况写入文字中，仅这小小的材料，已足暗示霉天了。试再看下列各句：

（1）正午的太阳，照得山边的路闪闪地发白光。山脚大松树的树身上流着黄白色的脂浆。——《暑昼》

（2）日光在窗纸上微微地摇动，落叶掠下来在窗影上画了很粗的黑线。——《初冬晴日》

上二例都是侧面描写，并不琐碎地把暑日或初冬的光景来说，而暑日或初冬的光景却已活现了。

以上是机智的一方面的说明。机智还可从别一方面说：

就是文字有精彩的部分，和平常的部分可区别。文字坏的，或者是句句都坏；文字好的，却不是句句都好。一篇文中，有几句甚或只有一句好的，有几句平常的。在好的文字中，这好的几句的位置，常配得很适当。

在平常的文字中，加入几句，使成好文字。这种能力，是作文者大概必需的。特别地在做小品文时，这能力格外重要。在小品文中，要有用一句使全体振起的能力才好。试看下例：

弱小的菊科花开出来使人全不经意，却颤颤地冷冷地铺满了庭阶。无力的晚阳，照在那些花的上面，着实有些儿寒意。原来秋已来了。

——叶绍钧[1]《母》

这文末句，是使全体统一收束的，在文中很有力量。如果没有末一句，文字就要没有统一，没有余情了。又如：

正坐在椅子上诵读英文，忽然一只蚊子来到脚膝下；被它一刺，我身一惊，觉得很难忍；急去拍时，已经飞去了。

------

[1] 叶绍钧：即叶圣陶。

没有多少时候，仍旧飞近我身边，作嗡嗡的叫声。我静静地等它来，果真它回到原处，它伸直了脚，用口管刺入我的皮肤，两翼向上而平，好像是在那里用着它的全副精神似的。我拍死了它，那掌上沾湿了的血水，使我感到复仇的愉快和对于生命的怜悯。

——某君《蚊》

这篇所以还算好的，关系全在末一句。如果没有末一句，全体就没了意义。以上二例都是以末一句使全文振起的；其实有力的句子，并不一定限于放在末了。

以上虽就描写文而说，其实，所谓侧面观察，所谓一句使全文振起，不单限于描写文，在议论感想类的文字中，也很必要。在议论感想文中，所谓"警句"者，大都是侧面观察成功的，有振起全文的能力的。例如：

戏子们何等幸福啊！他们自己随意选择了扮作喜剧或扮作悲剧，要苦就苦，要乐就乐，要笑就笑，要哭就哭。在实生活上，却不能这样。大抵的男女，都被强迫了做着自己所不愿做的角色。这个世界是舞台，可是却没有好戏。

——王尔德

日日地过去，无论哪一日，差不多都是空虚，厌倦，无聊，在后也不留什么的痕迹！一日一日地过去，这些时间，原实是无意味无智的东西，然而人总希望共同生存，他们赞美人生。他们将希望摆在人生上面，自己上面，及将来上面。啊！他们在将来上面期待着怎样的幸福啊！

那么，为什么，他们认作来日不像正在过着的今日一样呢？

不，他们并未想过这样的事，他们全不细想，他们只是一日一日地过去。

"啊！明日，明日！"他们只是这样自慰，直到"明日"将他们投入坟墓中去为止。

可是，一等入了坟墓，他们也就早已不想了。

——屠格涅夫

以上二例都是明文，寥寥数言中，实已揭破真理的一面，其末句都很有力，使人读了怒也不是，哭也不是，笑也不是，不知如何才好。

▌怎样用字巧妙——章衣萍

怎样可以用字巧妙呢？从前杜甫有句诗是："语不惊人死不休！"很可拿来表示用字巧妙的精神。用字巧妙不是一件容易的事。要详细讨论，须研究修辞学。我在这里，只能很粗浅地谈谈。

象征

象征便是一种具体的写法，这名词是新译的，但中国古文书中也有不少象征的写法，即所谓譬喻。如以"白发"写老人，以"衫青鬓绿"写少年，以"红巾翠袖"写女人，以"姹紫嫣红"写春天，以"西风红叶"写秋天等多是。这类具体写法的修辞，在当时本为有天才的文人新造的，但后来经无数的饭桶文人的滥用，渐渐成为"套语"了。

正如"红巾翠袖"是宋人的写女人的句子，拿来写现代女子便是笑话。我们现在要教学生用具体的写法，要教学生用象征法用字，应该用实际的观察做底子，用丰富的想象作譬喻。如周美成[1]的：

① 周美成：即周邦彦，婉约派集大成者。

人如风后入江云，情似雨余黏地絮①。(《玉楼春》第四首)

如吴文英的：

一丝柳，一寸柔情。(《风入松·春园》词)

如辛稼轩②的：

事如芳草春长在，人似浮云影不留。(《鹧鸪天》第十五首)

都是象征的具体写法。

在小说中用象征的具体写法，最有名的是刘鹗《老残游记》中的一段：

王小玉便启朱唇，发皓齿，唱了几句书儿。声音初不甚大，只觉入耳有说不出来的妙境：五脏六腑里像熨斗熨过，无一处不伏贴；三万六千个毛孔，像吃了人参果，无一个毛孔不畅快。

唱了十数句之后，渐渐的越唱越高，忽然拔了一个尖儿，像一线钢丝抛入天际，不禁暗暗叫绝。哪知他于那极高的地

_____

① 译：人生好像随风飘入江天的白云，离别的情绪好比雨后粘满地面的花絮。

② 辛稼轩：即辛弃疾。

189

方，尚能回环转折。

几转之后，又高一层，接连有三四叠，节节高起，恍如由傲来峰西面攀登泰山的景象：初看傲来峰削壁千仞，以为上与天通，及至翻到傲来峰顶，才见扇子崖更在傲来峰上；及至翻到扇子崖，又见南天门更在扇子崖上——愈翻愈险，愈险愈奇！那王小玉唱到极高的三四叠后，陡然一落，又极力骋其千回百折的精神，如一条飞蛇在黄山三十六峰半中腰里盘旋穿插，顷刻之间，周匝数遍。从此以后，愈唱愈低，愈低愈细，那声音渐渐地就听不见了。

满园子的人都屏气凝神，不敢少动。约有两三分钟之久，仿佛有一点声音从地底下发出。这一出之后，忽又扬起，像放那东洋烟火，一个弹子上天，随化作千百道五色火光，纵横散乱。这一声飞起，即有无限声音俱来并发。那弹弦子的亦全用轮指，忽大忽小，同他那声音相和相合，有如花坞春晓，好鸟乱鸣。耳朵忙不过来，不晓得听哪一声的为是。正在缭乱之际，忽听霍然一声，人弦俱寂。这时台下叫好之声轰然雷动。

又如鲁迅先生在《呐喊》上写的：

我吃了一惊，赶忙抬起头，却见一个凸颧骨，薄嘴唇，五十岁上下的女人站在我面前，两手搭在髀间，没有系裙，张着两脚，正像一个画圆仪器里细脚伶仃的圆规。

（《故乡》）

那手也不是我所记得的红活圆实的手，却又粗又笨而且开裂，像是松树皮了。

（《故乡》）

这种例子很多，不再举了。总之，用象征写法，要自己根据自己的观察，加上自己的想象，自铸新词，方为妥当。正如第一个用花来喻美人的当然是天才，第二个用花来喻美人的便是傻子了。我们要打倒古典，创造古典。

夸饰

有一次，郁达夫先生曾对我说："说谎也是一种艺术。"说谎为什么是一种艺术呢？说谎说得好，正可增加文学的美丽与有力，所以是一种艺术。李白的诗说："白发三千丈，缘愁似个长。"白发哪里会有三千丈呢？这显然是一种说谎。但我们若把"三千丈"改为"三千尺""三千寸"，全都不好。只有"三千丈"才可显出"愁"的痛苦来。

在诗词中，这种"夸饰"用字的例子很多，如：

笔落惊风雨，诗成泣鬼神。（杜甫《寄李白》）

蜀道难，难于上青天。（李白《蜀道难》）

力拔山兮气盖世！（项羽《垓下歌》）

黄河远上白云间。（王之涣《凉州词》）

"夸饰"的字用得好，自然可增加文字的美丽与有力，但用得不好，便"弄巧反拙"，变成不通了。如某君译欧文小说，有老人之袖"飘飘可三大英里"，乃译为"飘飘三大英里，遮断行人"，则简直不通了。夸饰就是说谎，但说谎说得不当，不如不说。

叠字

用字巧妙的方法很多。中国文中，有一种用叠字以增加文句的意义的，如《诗经》中的"桃之夭夭，灼灼其华"。最著名的如李清照的"寻寻觅觅，冷冷清清，凄凄惨惨戚戚"，连用许多叠字，活现出一种凄凉神气！又如《白雪遗音》中的"人儿人儿今何在？花儿花儿为的是谁开？雁儿雁儿因何不把书带来？心儿心儿从今又把相思害！"这种叠用名词的法子很可增加语句的活泼与有力。

"大匠诲人，能与人以规矩，不能与人以巧。"岳飞论用兵说："运用之妙，存乎一心。"巧妙是不可教的，只要自己努力去研究，能够多读、多作、多研究，自然能语出惊人，用字有神。俗语说"熟能生巧"，这句话是很有意义的。

▍怎样形成自己的语言风格——老舍

我们最好的思想，最深厚的感情，只能被最美妙的语言表达出来。若是表达不出，谁能知道那思想与感情怎样的好呢？这是无可分离的、统一的东西。

要把语言写好，不只是"说什么"的问题，而也是"怎么说"的问题。创作是个人的工作，"怎么说"就表现了个人的风格与语言创造力。我这么说，说得与众不同，特别好，就表现了我的独特风格与语言创造力。艺术作品都是这样。十个画家给我画像，画出来的都是我，但又各有不同。每一个里都有画家自己的风格与创造。他们各个人用各个不同的风格与创造把我表现出来。写文章也如此，尽管是

写同一题材，可也十个人写十个样。从语言上，我们可以看出来作家们的不同的性格，一看就知道是谁写的。莎士比亚是莎士比亚，但丁是但丁。文学作品不能用机器制造，每篇都一样，尺寸相同。翻开《红楼梦》看看，那绝对是《红楼梦》，绝对不能和《儒林外史》调换调换。不像我们，大家的写法都差不多，看来都像报纸上的通讯报道。甚至于写一篇讲演稿子，也不说自己的话，看不出是谁说的。看看爱伦堡的政论是有好处的。他谈论政治问题，还保持着他的独特风格，叫人一看就看出那是一位文学家的手笔。他谈什么都有他独特的风格，不"人云亦云"，正像我们所说："文如其人"。

不幸，有的人写了一辈子东西，而始终没有自己的风格。这就吃了亏。也许他写的事情很重要，但是因为语言不好，没有风格，大家不喜欢看；或者当时大家看他的东西，而不久便被忘掉，不能为文学事业积累财富。传之久远的作品，一方面是因为它有好的思想内容，一方面也因为它有好的风格和语言。

这么说，是不是我们都须标奇立异，放下现成的语言不用，而专找些奇怪的，以便显出自己的风格呢？不是的！我们的本领就在用现成的、普通的语言，写出风格来。不是标奇立异，写的使人不懂。"啊，这文章写得深，没人能懂！"并不是称赞！没人能懂有什么好处呢？那难道不是糊涂文章么？有人把"白日依山尽，更上一层楼"改成"……更上一层板"，因为楼必有楼板。大家都说"楼"，这位先生非说"板"不可，难道就算独特的风格么？

同是用普通的语言，怎么有人写得好，有人写得坏呢？这是因为有的人的普通言语不是泛泛地写出来的，而是用很深的思想、感情写出来的，是从心里掏出来的，所以就写得好。别人说不出，他说出来了，这就显出他的本领。

运用语言不单纯的是语言问题。你要描写一个好人，就须热爱他，钻到他心里去，和他同感受，同呼吸，然后你就能够替他说话了。这样写出的语言，才能是真实的，生动的。普通的话，在适当的时间、地点、情景中说出来，就能变成有文艺性的话了。不要只在语言上打圈子，而忘了与语言血肉相关的东西——生活。字典上有一切的字，但是，只抱着一本字典是写不出东西来的。

第二部分

通用技巧

写作的准备

·老舍·

用文字要依照文法与逻辑，我们学习文艺，一定要先把文字弄通，再去尝试写作，这是一件很要紧的事情。但是有好多青年朋友们，似乎都忽视这一点，他们认为文字不过是小道，主要思想和内容表现得好，那就得了。其实这是错误的。要做一个作家，无论如何，起码得把文字弄得清清楚楚，否则尽管你把主题表现得再好，而你把中文写得像俄文一样，那也未免太不像话。其次，是要实地去观察，那就是一件很平凡的小事情，也得仔细留心去看一看，譬如某人聪明，长相也蛮好，就是有点神经病。因此，大家都叫他"精神堡垒"；我们就得仔细地看一看，想一想，要是能够找出一个所以然来，这便是一篇小说的好题材。同时，我们还得要拿名著来研究，看看那些作品里是不是也是表现得很平凡的事情；著作者是从怎样的角度去刻画出他的人物。这样，一面看名著，一面想着，实在是很有益处的事情，否则，那你就无法着手了！一个好律师，总得先把案子头尾弄得清清楚楚，然后才能够下判断。写东西也是一样的，总之，看见任何一件事情，都不要放松，而且要想出解决的办法来。一面再拿名著来研究，不断地在那观察和思想，这样慢慢便会养成一种写作习惯，走到创作的路上去。

别怕动笔

· 老舍 ·

有不少初学写作的人感到苦恼：写不出来！

我的看法是：加紧学习，先别苦恼。

怎么学习呢？我看哪，第一步最好是心中有什么就写什么，有多少就写多少。

永远不敢动笔，就永远摸不着门儿。不敢下水，还学得会游泳吗？自己动了笔，再去读书，或看刊物上登载的作品，就会明白一些写作的方法了。只有自己动过笔，才会更深入地了解别人的作品，学会一些窍门。好吧，就再写吧，还是

有什么写什么，有多少写多少。写完了一篇或半篇，就再去阅读别人的作品，也就得到更大的好处。

千万别着急，别刚一拿笔就想发表不发表。先想发表，不是实事求是的办法。假若有个人告诉我们：他刚下过两次水，可是决定马上去参加国际游泳比赛，我们会相信他能得胜而归吗？不会！我们必定这么鼓舞他：你的志愿很好，可是要拼命练习，不成功不停止。这样，你会有朝一日去参加国际比赛的。我看，写作也是这样。谁肯下功夫学习，谁就会成功，可不能希望初次动笔就名扬天下。我说有什么写什么，有多少写多少，正是为了练习，假若我们忽略了这个练习过程，而想马上去发表，那就不好办了。是呀，只写了半篇，再也写不下去，可怎么去发表呢？先不要为发表不发表着急，这么着急会使我们灰心丧气，不肯再学习。若是由学习观点来看呢，写了半篇就很不错啊，在这以前，不是连半篇也写不上来吗？

不知道我说得对不对，我总以为初学写作不宜先决定要写五十万字的一本小说或一部多幕剧。也许有人那么干过，而且的确一箭成功。但这究竟不是常见的事，我们不便自视过高，看不起基本练习。那个一箭成功的人，想必是文字已经写得很通顺，生活经验也丰富，而且懂得一些小说或剧本的写法。他下过苦功，可是山沟里练把式，我们不知道。我们应当知道自己的底。我们的文字基础若还不十分好，生活经验也还有限，又不晓得小说或剧本的技巧，我们最好是有什么写什么，有多少写多少，为的是练习，给创作预备条件。

首先是要把文字写通顺了。我说的有什么写什么，有多少写多少，正是为逐渐充实我们的文字表达能力。还是那句话：不是为发表。想想看，我们若是有了想起什么、看见什么和听见什么就写得下来的能力，那该是多么可喜的事啊！即使我们一辈子不写一篇小说或一部剧本，可是我们的书信、报告、杂感等，都能写得简练而生动，难道不是值得高兴的事吗？

当然，到了我们的文字能够得心应手的时候，我们就可以试写小说或剧本了。文学的工具是语言文字呀。

这可不是说：文学创作专靠文字，用不着别的东西。不是这样！政治思想、生活经验、文学修养……都是要紧的。我们不应只管文字，不顾其他。我在前面说的有什么写什

么，和有多少就写多少，是指文字学习而言。这样能够叫我们敢于拿起笔来，不怕困难。在动笔杆的同时，我们应当努力于政治学习，热情地参加各种活动，丰富生活经验，还要看戏，看电影，看文学作品。这样双管齐下，既常动笔，又关心政治与生活，我们的文字与思想就会得到进步，生活经验也逐渐丰富起来。我们就会既有值得写的资料，又有会写的本事了。

要学习写作，须先摸摸自己的底。自己的文字若还很差，就请按照我的建议去试试——有什么写什么，有多少写多少。同时，连写封家信或记点日记，都郑重其事地去干，当作练习写作的一种日课①。文字的学习应当是随时随地的，不专限于写文章的时候。一个会写小说的人当然也会写信，而一封出色的信也是文学作品——好的日记也是！

我们不妨今天描写一朵花，明天又试验描写一个人，今天记述一段事，明天试写一首抒情诗，去充实表达能力。生活越丰富，心里越宽绰；写得越勤，就会有得心应手的那么

---

① 日课：指每日必学的课程。

一天。是的，得下些功夫，把根底打好。别着急，别先考虑发表不发表。谁肯用功，谁就会写文章。

这么说，不就很难做到写作的跃进吗？不是！写作的跃进也和别种工作的跃进一样，必须下功夫，勤学苦练。不能把勤学苦练放在一边，而去空谈跃进。看吧，原本不敢动笔，现在拿起笔来了，这还不是跃进的劲头吗？然后，写不出大的，就写小的；写不好诗，就写散文；这样高高兴兴地，不图名不图利地往下干，一定会有成功的那一天。难道这还不是跃进么？好吧，让咱们都兴高采烈地干吧！放开胆子，先有什么写什么，有多少写多少，咱们就会逐渐提高，写出像样子的东西来。不怕动笔，笔就会听咱们的话，不是吗？

作文的基本态度

·夏丏尊·

我曾看了不少关于文章作法的书籍，觉得普通的文章，其好坏大部分是态度问题；只要能了解文章的态度，文章就自然会好，至少可以不至于十分不好的。古今能文的人，他们对于文章法诀，一个说这样，一个说那样，各有各的说法，但是千言万语，都不外乎以读者为对象。务使读者不觉苦痛厌倦而得趣味快乐。所谓要有秩序，要明畅，要有力等等，无非都是想适应读者的心情。因为离了读者，就可不必有文章的。

要使文章能适合读者的心情，技巧的研究，原是必要，态度的注意，却比技巧更加要紧。技巧属于积极的修辞，大部分有赖于天分和学力；态度是修辞的消极的方面，全是情理范围中的事，人人可以学得的。要学文章，我以为初步先须认定作文的态度。作文的态度，就是文章的 ABC。

初中的学生，有的文字已过得去，有的还是不大好。现在作文用语体，只要学过了语法的，语句上的毛病当然不大会有；而平日文题又很有自由选择的余地，何以还有许多的毛病呢？我以为毛病都是由态度不对来的。态度不对，无论加了什么修饰或技巧，文字也不能像样。不，反觉讨厌，好像五官不正的人擦上了许多脂粉似的。

文章的态度，可以分六种来说。我们执笔为文的时候，可以发生六个问题：

（1）为什么要做这文？

（2）在这文中所要述的是什么？

（3）谁在做这文？

（4）在什么地方做这文？

（5）在什么时候做这文？

（6）怎样做这文？

用英语来说，就是 Why、What、Who、Where、When、How 六字，可以称为"六 W"。现在试逐条说述。

为什么要做这文？

这就是所以要做这文的目的。例如：这文是作了给人看的呢，还是自己记着备忘的？是作了劝化人的呢，还是但想作了使人了解自己的意见，或和人辩论的？是但求实用的呢，还是想使人见了快乐感到趣味的？是试验的答案呢，还是普通的论文？诸如此类，目的可各式各样，因了目的如何，作法当然不能一律。普通论文中很细密的文字，当作试验答案，就冗琐讨厌了。见了使人感到趣味快乐的美文，用之于实用，就觉得不便了。周子①的《爱莲说》，拿到植物学中去当关于说明"莲"的一节，学生就要莫名其妙了。所取的题目虽同，文字依目的而异，认定了目的，依了目的下笔，才能大体不误。

---

① 周子：即周敦颐，北宋五子之一，宋朝理学思想的开山鼻祖，文学家，哲学家。

在这文中所要述的是什么？

这是普通所谓题意，就是文章的中心思想。作文能把持中心思想，自然不会有题外之文。例如在主张男女同学①的文字中，断用不着"乾道成男，坤道成女"，"男子三十而娶，女子二十而嫁"等类的废话。在记述风灾的文字，断不许有飓风生起原因的科学的解释。我在某中学时，有一次入学试验，我出了一个作文题《元旦》，有一个受试者开端说甚"元旦就是正月一日，人民于此日休息游玩……"等类的话，中间略述社会欢乐情形，结束又说"……不知国已将亡，……凡我血气青年快从今日元旦觉悟……"等，这是全然忘了题意的例。

谁在做这文？

这是作者的地位问题，也就是作者与读者的关系问题。再换句话说，就是要问以何种资格向人说话。例如：现在大家同在一个学校里，假定这学校还没有高级中学，而大家都希望添办起来，将此希望的意思，大家做一篇文字，教师的

---

① 男女同学：指男女同校合班上课。

文字与学生的文字，是应该不同的。校长如果也做一篇文字，与教师学生的亦不相同。一般社会上的人，如果也提出文字来，更加各各不同。要点原是一致，而说话的态度、方法等等，却都不能不异的。同样，子对于父，和父对于子不同，对一般人和对朋友不同，同是朋友之中，对新交又和对旧交不同。记得有一个笑话，有一学生写给他父亲的信中说，"我钱已用完，你快给我寄十元来——勿误——"父亲见信大怒，这就是误认了地位的毛病了。

在什么地方做这文？

做这文的所在地，也有认清的必要，或在乡村，或在都会，或在集会（如演说），或在外国，因了地方不同，态度也自须有异。例如：在集会中应采眼前人人皆知的材料，在乡村应采乡村现成的事项。在国外应用外国语，在国内应用本国语（除必不得已须用外国原语者外）。"我们的father""你的wife"之类，是怪难看难听的。

在什么时候做这文？

这是自己的时代观念，须得认清的。作这文在前清，还是在民国成立以后？这虽是大家都知道的事，但实际上还有人没了解，现在叹气早已用"唉"音了。有许多人还一定要用"呜呼""嗟乎"，明明是总统，偏叫作"元首"，明明是督军，却自称"疆吏"，往年黎元洪的电报，甚至于使人不懂，这不是时代错误是什么？

怎样做这文？

上面的五种态度都认清了，然后再想做文的方法。用普通文体呢，还是用诗歌体？简单好呢，还是详细好？直说呢，还是婉说？开端怎样说？结末怎样说？先说大旨，后说理由呢，还是先说事实，后加断定？怎样才能使我的本旨显明？怎样才能免掉别人的反驳？关于此种等等，都须自己打算研究。

以上六种，我以为是作文时所必须认清的态度，虽然很平凡，但却必须知道，把它连接起来，就只是像下面的一句话：

"谁对了谁，为了什么，在什么地方，什么时候，用了什么方法，说什么话。"

如果所做的文字，依照这里面的各项检查起来，都没有毛病可指，那就是好文字，至少不会成坏文字了。不但文字如此，语言也是这样。作文说话时只要能够留心这"六 W"，在语言文字上就可无大过了。

正确看待作文方法

·夏丏尊·

"熟读唐诗三百首，不会作诗也会吟。"这句话虽然只指示学习"作诗"的初步方法，但中国人学习作文也是同一的态度。原来中国文人是认定"文无定法"的，只有"神而明之"，所以古代虽然有几部论到作文法的书，如刘勰的《文心雕龙》和唐彪的《读书作文谱》之类，以及其他的零碎论文，但是依然脱不了"神而明之"的根本思想，陈义过高，流于玄妙，就是不合时宜。

文章本是为了传达自己的意思或情感而创作的，所以只是一种工具。单有意思或情感，没有用文字发表出来，就只能保藏在自己的心里，别人无从得知。单有文字而无意思或情感，不过是文字的排列，也不能使读的人得到点什么。意思或情感是文章的内容，文字的结构是文章的形式。内容是否充实，这关系作者的经验、智力、修养。至于形式的美丑，那便是一种技术。严格地说，这两方面虽是同样地没有成法可依赖，但后者毕竟有些基本方法可以遵照，作文法就是讲明这些方法的。

技术要达到巧妙的地步，不能只靠规矩，非靠自己努力锻炼不可。学游泳的人不是只读几本书就能成，学木工的人不是只听别人讲几次便会，作文也是如此，单知道作文法也不能做出好文章。反过来说，不知作文法的人，就是所谓"神而明之"的，也竟有成功的。总之，一切技术都相同，仅仅仗那外来的知识而缺乏练习，绝不能纯熟且达到巧妙的境地。"多读，多作，多商量"这话虽然简单，实在是很中肯綮[①]，颠扑不破，想要做好文章的人不能不在这方面下番切

---

① 肯綮（qìng）：筋骨结合的地方，比喻事物的关键。

实的功夫。

照上面所说的一段话，必定有人疑心作文法全无价值，依旧确信"文无定法"，只想"神而明之"，这也是错的。专一依赖法则固然不中用，但法则究竟能指示人以必需的途径，使人得到正规。渔父的儿子虽然善于有用，但比之于有正当知识，再经过练习的专家，终究相差很远。而跟着渔父的儿子去学游泳，比之于跟着专家去练习也不同，后者总比前者来得正确、快速。法则对于技术而言是必要而不充足的条件，真正凭着练习成功的，必是暗合于法则而不自知的。法则看似没用而确实有用，就在这一点，作文法的真价值，也就在这一点。

多练基本功

· 老舍 ·

我觉得：练习基本功，对初学写作者来说，是很重要的事，就拿这作为讲题吧。

先练习写一人一事

有些人往往以写小说、剧本等作为初步练习，我看这不大合适。似乎应该先练习写一个人、一件事。有些人常常说："我有一肚子故事，就是写不出来！"这是怎么回事呢？你若追问他：那些故事中的人都有什么性格？有哪些特点？他就回答不上来了。他告诉你的尽是一些新闻，一些事情，而没有什么人物。我说，他并没有一肚子故事。尽管他生活在工厂里、农村里，身边有许多激动人心的新人新事，可是他没有仔细观察，人与事都从他的身边溜走了；他只记下了一些破碎不全的事实。要想把小说、剧本等写好，要先从练习写一个完完整整的人、一件完完整整的事做起。你要仔细观察身旁的老王或老李是什么性格，有哪些特点，随时注意，随时记录下来。这样的记录很重要，它能锻炼你的文字表达能力。不能熟练地驾驭文字，写作时就不能得心应手。有些书法家年老目昏，也还能写得很整齐漂亮。他们之所以能够得心应手，就是因为他们天天练习，熟能生巧。如果不随时注意观察，随时记下来，哪怕你走遍天下，还是什么也记不真确、详细，什么东西也写不出来。

刚才，我站在此地小坡上的小白楼前，看见工厂的夜景非常美丽；想来同志们都曾经站在那里看过好多次了，你们就应该把它记下来。在这夜景里，灯光是什么样子，近处如何，远处如何，雨中如何，雪后如何，都仔细地观察观察，把它记在笔记本上。

要天天记，养成一种习惯。刮一阵风，你记下来；下一阵雨，你也记下来，因为不知道哪一天，你的作品里就需要描写一阵风或一阵雨，你如果没有这种积累，就写不丰富。经常生活，经常积累，养成观察研究生活的习惯。习惯养成之后，虽不记，也能抓住要点了。这样，日积月累，你肚子里的东西就多了起来。写作品不仅仗着临时观察，更需要随时留心，随时积累。

不要看轻这个工作，这不是一件容易事。一个人，有他的思想、感情、面貌、行动……，一件事物，有它的秩序、层次、始末……，能把它逼真地记下来并不容易。观察事物必须从头至尾，寻根追底，把它看全，找到它的"底"，因为做文章必须有头有尾，一开头就要想到它的"底"。不知全貌，不会概括。

有些年轻同志不注意这种基本功练习，一开始就写小说、剧本；这种情况好比没练习过骑车的人，就去参加骑车竞赛。

把语言练习通顺

下功夫把语言写通顺了，也是基本功，也是很重要的基本功。它和戏曲演员练嗓子、翻跟斗一样。演员不练嗓子，怎么唱戏呢？武生不会翻跟斗，怎么演武戏呢？文学创作也是一样，语言不通顺，不可能写出好文章。有些人，确实有

一肚子生动的人物和故事，他向人谈讲时，谈得很热闹；可一写出来，就不那么动人了，这就是因为在语言方面缺乏训练，没有足够的表达能力。

有些人专以写小说、写剧本练习文字，这不妥当，文字要从多方面来练习，记日记，写笔记，写信……都是锻炼文字的机会；哪怕写一个便条，都应该一字不苟。

写文章，用一字、造一句，都要仔细推敲。写完一句，要看看全句站得住否？每个字都用得恰当与否？是不是换上哪一个字，意思就更明显，声音就更响亮？应知一个字要起一个字的作用，就像下棋使棋子那样。一句，一段写完之后，要看看前后呼应吗，连贯吗？字与字之间，句与句之间，段与段之间，都必须前后呼应，互相关联。慢慢地，你就学会更多的技巧，能够若断若续，有波澜，有起伏，读起来通畅而又有曲折。写小说的人，也不妨练习写写诗；写写诗，文字就可以更加精炼，因为诗的语言必须很精炼，一句要表达好几句的意思。文章写完之后，可以念给别人听听。念一念，哪些不恰当的字句，不顺口的地方，就都显露出来了，才可以一一修改。文章叫人念着舒服顺口，要花很多心思和工夫。

有人看我的文章明白易解，也许觉得我写时很轻松，其实不然。从哪儿开头，在哪儿收束，我要想多少遍。有时，开了许多头都觉得不合适，费了不少稿纸。

字的本身没有好或坏，要看用在什么地方。用得恰当，就生动有力。

文字要写得简练。什么叫作简练呢？简练就是话说得少，而意思包含得多。举一两句做例："小楼一夜听春雨，深巷明朝卖杏花。"只不过十四个字，可是包含多少情和景呀！

简练须要概括，须要多知多懂。知道一百个人，而写一个人；知道一百件事，而写一件事，才能写得简练。心有余力，有所选择，才能简练。譬如歌剧演员，他若扯着嗓子喊叫，就不好听；他必须天天练嗓子，练得运用自如，游刃有余，就好听了。

我建议大家多多练习基本功，哪怕再忙，每天也要挤出点时间写几百个字。要知道，练基本功的功夫，应该比创作的功夫多许多许多倍！

文章别怕改

·老舍·

文章别怕改。改亦有道：谨据个人经验，说点不一定是窍门的窍门儿。

改有大小，先说小改。写成一篇或一段须检查：有无不必要的"然而""所以"等等，设法删减。这种词儿用得太多，文笔即缺乏简劲，宜加控制。

往往因一字一词欠妥，屡屡改动，总难满意，感到苦闷。对此，应勿老在一两个字上打转转，改改句子吧。改句子，可能躲过那一两个字去。故曰：字改不好，试去改句。同样地，句改不好，则试改那一段。此法用于韵文，更为有利。写韵文，往往因押韵困难，而把"光荣"改为"荣光"，或"雄壮"改为"壮雄"，甚至用"把话云""马走战"来敷衍。其实，改一改全句，颇可以避免此病。

泛泛地形容使文章无力，不如不用。文字有色彩，不仗着多用一些人云亦云的形容，那反叫人家看出作者的想象贫乏。要形容就应力求出色，否则宁可不形容，反觉朴实。

有时候，字句都没有大毛病，而读起来不够味儿。应把全文细读一遍，找出原因。文章正如一件衣服，非处处合适，不能显出风格。一篇文章有个情调，若用字造句不能尽与此情调一致，即难美好。一篇说理的文章，须简洁明确，一篇抒情的文章，须秀丽委婉。我们须朝着文章情调去选字造句，从头至尾韵味一致，不能忽此忽彼。尽管有很好的句子，若与全篇情调不谐，也须狠心割爱，毫不敷衍。是呀，假若在咱们的蓝布制服上，绣上两朵大花，恐怕适足招笑，不如不绣。

以言大改，则通篇写完，须看看可否由三千字缩减到两千字左右。若可能，即当重新另写一遍，务去枝冗，以期精炼。若只东改一字，西删一句，无此效也。初稿写得长，不算毛病，但别舍不得删改。

还须看看文体合适与否。本是一篇短文，但乏亲切之感，若改用书札体①，效果也许更好，即应另写。再往大些说：有的人写了几部剧本，都不出色。后来，改写小说，倒成功了。同一题材，颇可试用不同的文体去试试。个人的长处往往由勤学苦练，多方面试验，才能发现，不要一棵树吊死人。

---

① 书札体：书信体。

题目的趣味

·姜建邦·

在我们的心里有了一个意思，或是一种情感，我们把这些思想和情感保留下来，写在纸上，或是给别人看，或是给自己日后覆按①——为了这个，我们才动手写文章。这种思想和情感就是自然的题目。所以文章的意思在先，题目不过是表明自己的文章的中心罢了。

题目的本身，无所谓难易。学生们作文时，常以为题目

---

① 覆按：亦作"覆案"，审查，查究。

太难，乃是因为他对这个题目，没有可说的话。换句话说，就是缺乏写作的材料时，才感觉题目难。

中国古人写文章很不注意题目，常常截取篇首几个字作为题目。例如《论语》第一句是"学而时习之"，就以"学而"两字为题。《战国策》有"秦兴师临周而求九鼎"的记载，就以"秦兴师临周而求九鼎"为题目，其他许多古书都是如此。

中国文学中的词，只有词谱而无题目。有许多诗也是"无题"的作品。散文中有许多著名的文章，从读者的心理方面说，题目都是很坏的，引不起阅读的兴趣。例如韩愈的《原道》《送孟东野序》，欧阳修的《醉翁亭记》等。这种题目，若不是作者有名，文字的内容好，是惹不起读者来花费时间的。

题目的影响

一篇文章的题目，好像个人的衣饰。美丽合体的衣服，能增加人的美观；破旧污秽的衣服，能使美人变为乞丐。所以郑板桥在寄给弟弟的书信里说："作诗非难，命题为难。题高则诗高，题矮则诗矮，不可不慎也。"作诗如此，作文也是如此。一个初学写作的人，对于题目的斟酌，应当和修饰词句一样地用功夫。

我曾在《青年日报》时，写过一篇短文，最初的题目是《潜藏的能力》。后来觉得这个题目太生硬，不能引起一般读者的爱好，就改成《你常常勉励自己吗？》，使题目和读者发生关系，并且用一个问题引起读者的反省。文章写成后给一位朋友看，他说题目太啰唆，而且有牧师说教的气味，于是他代我改为《勉励自己》，既简洁，又不失刺激读者的能力。

一个动人的题目，是他写文章的一柄利刃，先给读者以刺激。如果题目失败了，全局即容易陷于危险的境地。现代的作者和著作家都知道此中的重要，所以在文章的题目和书名上，不惜多用心思。

一家外国书店，出版一套蓝皮小丛书，销路虽然好，但是仍不满意。在重版的时候，将书名换了一个，结果销路大增。兹将其新旧书名和销售数目比较如下：

旧书名	每年销售数	新书名	每年销售数
《烛舞》	15000 册	《一个法国妓女的牺牲》	54700 册
《海盗》	7500 册	《水手之战》	10000 册
《金丝》	6000 册	《追逐银发少女》	50000 册
《铜面罩奇案》	11000 册	《奢欲之王》	38000 册
《国王享乐》	8000 册	《王下无人与此女共欢》	34000 册
《美术的意义》	6000 册	《美术对你的意义》	9000 册
《十句钟》	2000 册	《马克罕凶杀案》	7000 册
《尼采及其他》	10000 册	《尼采哲学的故事》	45000 册
《爱因斯坦论》	15000 册	《爱因斯坦相对论浅说》	42000 册
《墨索里尼的真相》	14000 册	《法西斯主义的实况》	24000 册
《天然的诗》	2000 册	《你是个青蛙我是个鱼》	7000 册
共计 （旧）96500 册 （新）320700 册			

把书名换了一个，销路增加了两倍。这位出版商人很明白题目对于销路的影响。

有一次，我把一篇同样的论文，写出四个题目，问班中学生看见了这些题目以后，要先读哪一篇，结果如下：

题目	愿意最先读此文的人数
《大国民风度的限制》	八
《对日本人的正确态度》	十六
《赏善罚恶》	五
《照各人所行的报应他》	二

题目的不同，对于读者确有很大的影响。写下文章，若是不能引动别人阅读的兴趣，就是作者的失败。我们应当在拟题时，多用些心思，使你的题目有动人的能力，使读者看见了题目，一定要把全文读遍才肯罢休，这才能达到拟题的目的。

最有趣味的题目

题目又像一个人的面貌，是最惹人注意的部分。美人，是因为她的面貌如玉。小说家描写人物的笔墨多是费在面貌上。明星所以有名，是因为他的面部的表情动人。现代文人深知此理，所以在题目上常是煞费心思，正像美女艳饰她的面部那样地用心。

怎样的题目最惹人注意？怎样的题目最有趣味？

满足人类欲望的题目最惹人注目。孔子有句话说："饮食男女，人之大欲存焉。"这是很合心理学的名言。人类最大的欲望就是丰衣足食。在缺乏食物的时候，往往不顾生命的危险和人格的堕落，铤而走险，以求一饱。我们不但注意自己的肚腹，也关心别人的饥饿，所以同情贫穷人的文章，常受读者的欢迎。例如《一个卖火柴的小女孩》《饥饿贫穷的犹太人》等，都能打动人心。有人估计全世界的人类至少有三分之一在从事食物的生产和支配的工作。假设有人能写一篇文章，以《一个不吃饭的人》为题目，必定很受读者的欢迎。

"男女之间"不知产生了多少可歌可泣的故事。著名的小说，大多数都脱离不了"爱情"。中国的名著《红楼梦》《西厢记》，欧美的《你往何处去？》《红字》等都是。异性的动人是出于天性，无法制止。甚至英雄如项羽，被困垓下[①]，在生命垂危的时候，仍高唱着"虞兮虞兮奈若何"；拿破仑临死时喊着约瑟芬的名字。更有一些英雄为了异性不惜任何代价：曹操领八十万大军南下，是为了实现"铜雀春深锁二乔"；吴三桂引清兵入关，出卖祖国，是"冲冠一怒为红颜"；英王爱德华八世为了辛博森夫人甘心让出王位。无怪孔子说"吾未见好德如好色者"了。

女性有如此引人的魔力，所以含有这种魔力的题目，必受人欢迎。所以《烛舞》一题换为《一个法国妓女的牺牲》后，销路增加了三倍半。不过这个原则要谨慎运用，用得不当则有伤"大雅"，陷于"肉麻"了。

引人好奇心的题目惹人注意。好奇心是人类寻求知识的动力。受着好奇心的驱使，多少人不顾生命去探险。侦探小说所以受人欢迎，就因为它能满足读者的好奇心。所以文题带些神秘性，新奇一点，就有引人的能力了。因之《笔与狱》一题，不如《一个著名罪犯的轶事》，《海盗》不如《水

---

① 垓下：古地名，位于今安徽省宿州市灵璧县，是楚汉相争最后决战的战场遗址，被誉为世界七大古战场之一。

手之战》。

有一位心理学家，用十个影片名称做了一个有趣的实验。他把影片名称给一百个人看，问他们愿意先看哪一出，其次是哪一出，最后是哪一出，得到以下的结果：

题目名称	得票次序总数	平均次序	名次
《金银船》	390	3.9	一
《命运》	408	4.08	二
《贪心》	451	4.51	三
《曼拉赞之王》	479	4.79	四
《第二位少年》	507	5.07	五
《钢一般的真实》	551	5.51	六
《谁关心呢》	586	5.86	七
《弃妇》	679	6.79	八
《灰兄弟》	698	6.98	九
《玛丽的朋友》	751	7.51	十

《金银船》所以获得第一，是因为它含有冒险的启示，有神奇的联想。《玛丽的朋友》一题并不算坏，只因该题缺少力量，使人一看题目，似乎就可以猜想影中的故事了。

具体的题目比抽象的题目好。抽象的题目引不起人的联想，所以具体的题目最受人欢迎。

有趣味的题目比普通的题目好。人们阅读的目的之一是为了消遣，所以有趣味、带些幽默性的题目，容易受人欢迎。

使题目和读者发生关系。人类最关心的是自己的事。如果能使题目所讲的是读者自己的事，那么效力必大。例如《美术的意义》不如《美术对你的意义》，《勉励自己》不如《勉励你自己》。

美感新鲜的题目好。一篇生硬的论文，加一个生动而美丽的题目，可以增加不少的读者。

小题目比大题目好。范围太大不容易捉摸。所以题目的范围要小。例如《青年的修养》就太大，不如《谦虚的涵养》好些；《游西湖记》就太大，不如《在放鹤亭上》好些。因为要写的东西太多，就不容易写好，把范围缩小，在详尽中便产生了较好的文字。

好题目巡礼

我们读名人的文章，同时也应当注意他们的标题。创造始于模仿，从一些好文章的题目上我们可以学会怎样拟个新

鲜美妙的文题。

小品文的题目，大都是很短的，只寥寥几个字。例如巴金的《家》、冰心的《分》、郭沫若的《痛》、李守常[①]的《今》，都是一个字；朱自清的《背影》、苏雪林的《收获》、鲁迅的《看戏》等都是两个字；丰子恺的《做父亲》、夏衍的《包身工》等是三个字。

近代散文、小品文的题目，以四个字、五个字的为最多。例如：

茅盾:《浴池速写》

韬奋:《分头努力》

沈从文:《辰州途中》

廖世承:《青年生活》

胡适:《最后一课》

林语堂:《做文与做人》

陶行知:《不如学阿尔》

金仲华:《求生的道路》

尤佳章:《消夏的科学》

---

① 李守常：即李大钊。

我曾统计《新少年读本》《文章例话》《北新文选》，发现四个字、五个字的题目占全数百分之四十五之多。可见四五字的题目最为流行，读来也最流利。

说明文和议论文的题目字数，常比记叙文、描写文、抒情文等多些，有时在十字以上。例如蔡元培的《怎样才配称作现代学生》，饶上达的《打破思想界的四种迷信》，都是很长的。

下面是一些很好的题目，可以做我们的参考：

叶圣陶：《假如我有一个弟弟》

韬奋：《事非经过不知易》

夏丏尊：《整理好了的箱子》

毕云程：《怎样把自己毁了》

唐钺：《可惜太聪明了》

叶绍钧：《没有秋虫的地方》

翁文灏：《回头看与向前看》

董秋芳：《争自由的波浪》

金仲华：《求生的道路》

冰心：《一个不重要的军人》

最难写的一句话

·姜建邦·

起头难

中学生写作文最感到困难的是开头几句。教师把题目写出之后，课室里的百态是极有趣的：有的把笔含在嘴里，仰头看着天花板；有的用笔在桌上敲得笃笃地响；有的却拿砚台来出气。或者抓头挖耳、摸嘴探鼻，或者咬着笔杆，或者皱着眉头，都表现出一种心思不定的样子。

作文的第一句，难住了多少聪明的学生。难得没法，就搬出老调子"光阴似箭，日月如梭，转瞬间……"或是"人

234

生于世……""蔚蓝的天空""光阴如流水般过去……"不然就是粗制滥造，写得与题目相差极远。

作文写不出第一句，有时固然由于缺乏材料，无话可说；但也有时是因为要说的话太多了，不知从何说起，或者是满腔的心思，却不知如何表现。正像走进五光十色的百货商店，花样太多，倒有些眼花起来，不知道选择哪一种货色的好。刘勰在《文心雕龙·神思篇》里也有同样的意思，他说：

夫神思方运，万途竞萌，规矩虚位，刻镂无形。登山则情满于山，观海则意溢于海，我才之多少，将与风云并驱矣。方其搦翰①，气倍辞前，暨②乎篇成，半折心始。何则？意翻空而易奇，言征实而难巧也。

意思就是，我们常是在写文章之前，仿佛意思很多，但是到了写的时候，又觉得没有意思可写了。

文章开头的几句，的确是很难的，连古今著名的文人也尝过屡修屡改屡不满的经历。据说欧阳修作《醉翁亭记》，初起稿时将滁州四面的山一一加以描写，但不自安。修改十

---

① 搦翰（nuò hàn）：持笔。
② 暨（jì）：及，等到。

235

数次，最后改为"环滁皆山也"，才连写下去，文气充足，连用了二十一个助词"也"字。

彼拉多写《共和篇》第一句，写了几种不同的格式，然后才获得满意。

苏东坡作《潮州韩文公庙碑》，苦于不得首句，屡改其稿凡①百十次，几至掷笔。后来忽得"匹夫而为百世师，一言而为天下法"，以后便势如破竹，一气呵成。

作文第一句难写的另一个原因是，我们的思想因为先前的方向，还没有能集中在这个题目上，力量分散，所以没有满意的佳句。及至思想集中，全力以应付此题，那么不但第一句可以满意地写出，连下文也滔滔不绝地顺着笔尖流露出来了，这种情形，普通称为"思路"。只要路通了，思想便源源而来。

第一句的重要

文章的第一句虽然难作，但是却非常重要。"作文的开头，犹如画家作画时的第一笔。此第一笔即将画之全部决定

---

① 凡：共。

矣。"王安石文章的妙处，全在首数句；吕祖谦作《东莱博议》^①，发端一二句最用功夫。一般读者往往因着第一句的好丑，来决定该文有无阅读的价值。清朝科举时，监考官只阅首七句，就决定作者是否录取。应用心理学者克伦（George W. Craue）论著述的心理说："当著述者开始书写作品的时候，他常在开始几段中调节适当。"

有经验的作者都知道"第一印象"的重要。所以绝不把最先数行的文字和思想轻忽、粗制滥造，以便借此抓住读者的兴趣。

明白第一印象的求业者，第一次去和聘请的人谈话，应当穿着最整洁的衣服，摆出文雅的姿态，把要说的话事先预备妥当，怎样进去怎样出来，这些事都会给聘请人留下一个不可磨灭的印象。教师初到一个学校，要把功课预备得特别纯熟，第一课所讲的话，特别新颖动人，谈吐的声调，特别清楚悦耳，这样你便能得到学生们大部分的敬佩了。以后的表现虽然差些，他们也会说你是一位可敬佩的先生。

---

① 《东莱博议》：即《左氏博议》，又名《东莱先生左氏博议》。

恋爱的人中有许多是一见倾心，或是第一次印象不忘，后来才追逐相爱的。

商人都是把最好的货色陈列在外面。里面的房子不妨是中国的古式矮房，外面却建筑得巍巍峨峨，是十足的欧美式样。

银行的楼房，向来比任何机关的建筑都要考究，并非因为银行是有钱的职业，原因是银行的经理都知道雄壮富丽的银行，可以使人一看就发生相信之心，甘愿把款子存到这里。

许多作家都因为第一部作品得名，后来的作品虽然差些，读者也都欢迎。美国文人赛珍珠的《大地》出版，颇获盛誉。其后出版的《爱国者》等书，虽有不及，却因《大地》的名声而仍有极好的销路。许多人都明白"不鸣则已，一鸣惊人"的利益。

文章首句既然如此重要，那么，怎样的开端最受人欢迎呢？这个问题的回答和"引人兴趣的题目"相同。最要紧的是：

（1）引人入胜，使读者感到后文的神秘，自然要读下去了。

（2）引起读者的怀疑，所以读后文以求解答。

（3）引起读者的美感。

怎样开始

如果说文章的题目犹如人的面貌，那么文章的第一句就好像人的衣服和装饰。有美丽的衣饰和入时的装饰，可以增加人的美貌，招惹人的青睐。我们怎样开始写第一句呢？这个问题自然没有绝对的答案，不过从许多文章中可以得到一些参考，如下：

以别人的话和往事开始。

（1）章锡琛《职业与趣味》："俗语说：吃一行，怨一行。"

（2）鲁迅《最先与最后》："韩非子说赛马的妙法，在于'不为最先，不耻最后'。这虽是从我们这样外行的人看起来，也觉得很有道理。"

（3）饶上达《打破思想界的四种迷信》："我曾听见一个人说：中国目前的学术界不但谈不上'科学'二字，就是'思想'两字，也很难承受不愧。"

引用别人的话，或借往事开头，应当注意所引用的话必须恰合题目，借此以打通思路，是一个又便利又有效的开山之斧。这种方法适用于任何体裁的文章。

以问题开始。

（1）刘薰宇《求学和致用》："人为什么要求学？这个问题的回答向来有两派……"

（2）胡适《差不多先生传》："你知道中国最有名的人是谁？"

（3）王光祈《工作与人生》：

"什么是工作？"

"为什么要工作？"

"工作的定义就是以自己的劳力做成有益于人的事业。"

（4）《修养与事业》："绝对靠得住的是谁？这个问题似乎很难得到一个绝对的答复……"

文章用问题开始，多用于说明文和议论文。如果运用得法，借着问题，引起读者的疑问和求知的欲望，他们定会欣欣然地捧读你的大作。

以描写句开始。

（1）茅盾《雷雨前》："清早起来，就走到那座小石桥上，摸一摸桥石，竟像还带点热。"

（2）丰子恺《做父亲》："楼窗下的弄里，远远地传来一片声音，'咿哟，咿哟……'渐近渐响起来。"

（3）茅盾《浴池速写》："沿浴池的水面，浮出五个人头。"

（4）沈从文《辰州途中》："小船去①辰州还约三十里，两岸山头已较小，不再壁立拔峰，渐渐成为一堆堆黛色与绿色相隔间的丘阜②。"

以描写句开始的文章，多半是描写文、记叙文和抒情文。第一句的描写必须更加逼真，景中含情更好。

以生活中的琐事开始。

（1）叶圣陶《假如我有一个弟弟》："假如我有一个弟弟，他在中学校毕业了，我想对他说以下这些话。"

（2）谢六逸《家》："远道的友人来信说，不久要把家搬到上海。"

（3）郭沫若《痈③》："十年前在胸部右侧生了一个小疖

---

① 去：相距。多用在文言文表达中。

② 丘阜（fù）：山丘。

③ 痈（yōng）：一种皮肤和皮下组织的化脓性炎症。较小症状称为疖（jiē），较严重的称为痈。

子，没有十分介意。"

（4）须林娜《文明的曙光》："那时我还是一个没有到九岁的孩子，一天早晨在我家所住的山峰上散步。"

文章从生活中的琐碎事谈起的，为数很多。许多小品文、说明文都是用的这种写法。作者借一件小事打开思路，后文便把要说的真话道出，或者讲篇比较深的道理。

例如，叶圣陶在《假如我有一个弟弟》的后文说明了中学生的三条出路；谢六逸在"远道的友人来信说，不久要把家搬到上海"的后文，是劝告青年在事业没有成功之前，自己不宜有一个小小的家；郭沫若在"十年前在胸部右侧生了一个小疖子"的后文，借白细胞因与病菌抵抗而死化成脓，说明中国人的白细胞依然是有抵抗外敌的本领的！

其余例子类似这种文体的，写得合法，便极有力量，借着前面轻松的描写，比衬出后面的至理名言，文势特别雄壮动人。

以破题句开始。

（1）胡愈之《青年的憧憬》："青年所需要的是憧憬。"

（2）廖世承《青年生活》："世界上最宝贵的是生命，生命中最宝贵的一个阶段是青春时期。"

（3）黄忏华《工学主义》："工学主义，就是把做工和求学打成一片，同时举行，同等看待。"

（4）魏志澄《战争与和平》："战争是可怕的，和平是可爱的。"

（5）夏丏尊《希望与顾虑》："对于成人青年有两种反对的心情：一种是对青年抱希望，一种是替青年顾虑。"

这种文章，开头第一句就把题目说破，将本文主要的意思，明白地告诉读者，然后再详细分述，或者逐条证明，有"开门见山"的功效。在伦理学中，这种方式叫作演释法[①]，是写短小精悍的文章的妙法。读者看了第一句就不忍释手，定要知道其理由。

在中国古文里，韩愈写《送孟东野序》，第一句说"大凡物不得其平则鸣"，把全篇大意道出，然后逐步证明，也是此法的变形，可以说是演释法的妙笔。而欧阳修作《秋声赋》，开头是"欧阳子方夜读书，闻有声自西南来者"，非常

---

① 演释法：即演绎法。

清爽，是以生活中的琐事开始，随后说了一篇人生的奥秘，可为归纳法的代表。这两种方法，一是先严肃后轻松，二是先轻松后严肃，都是文人的手笔，有很大的效力。

以奇异的笔调开始。

（1）林语堂《做文与做人》："做文可，做人亦可，做文人不可！"

（2）高士其《寄给肺痨贫苦大众的一封信》："肺痨是人人都有的。"

（3）梁启超《人生目的何在》："呜呼！可怜！世人尔许忙！忙个什么？所谓何来？"

（4）李石岑《工作》："一个八十岁带疯势的老妇，忽然从楼上跌下。"

这许多的开始语句，都是惊人听闻的，使读者不知其中有何奥秘，引起他们的好奇心，于是他们便乐于读下去了。用这种语法，必须有相当的技巧方可，否则容易弄巧成拙，反而减少了效力。

怎样收束你的文章

作文的收束和开头是一样重要的，如果有一个精彩的末句，便可以给读者一个不灭的"最后印象"，趣味不尽。像骆宾王《为徐敬业讨武曌檄》，最后一句说："请看今日之域中，竟是谁家之天下？"读之快人心意。欧阳修《秋声赋》在论人生哲理之后突然收束说："但闻四壁虫声唧唧，如助予之叹息。"读之令人如何轻快！这都是结束的妙笔。

据说王实甫写《西厢记》至最后数句："碧云天，黄花地，西风紧，北雁南飞。"自己非常得意，竟快乐得晕过去，一命呜呼了。

金圣叹批《西厢记》，对后人补写之四章很不满意，预备不批，但读到最末一句："愿天下有情人，尽成眷属。"十分叹服，因此保留该书补写之四章。

普通作文的结尾，多是复述前意，做结论，常用"总而言之""总观上言""总之"等语。至于描写文、记叙文和抒情文就没有一定了。

材料的搜集

·姜建邦·

巧妇难为无米之炊

作文好像造房子一样，必须先预备充足的材料，然后才能造出房子来。如果没有木石砖瓦和其他必需的东西，即使是最有名的建筑师，也必定束手无策。

中学生作文的最大困难，就是"无话可说"。教师把题目写在黑板上半天了，学生穷索苦思，连一句也写不出来。有些学生，逼得无法，买了《作文描写辞典》《全国中学生作文精华》一类的书籍，藏在案下做助手，以救一时之急。

也有些学生请人代作，挨过这个难关。可见"无话可说"的逼人了。

"无话可说"就是缺乏材料。中学生作文的困难之中，第一是学识不足，第二是缺乏材料，第三是经验不足，其实这三样都是"无话可说"的根源。

缺乏材料的文章，必定内容空虚、言之无物，绝不会有优美的作品产生。中学生平日对于材料的搜集、写作的修养，都太欠功夫。而一般国文教师，又大都只教学生作文方法，这好比叫青蛙在陆地上游泳一样，没有水哪里能游泳？

思想、经验、观察、学识，都是作文的主要材料，我们将要分别论之。

文人搜集材料的苦心

著名的文人，都不惜以悠长的岁月、全副的精神，从事于材料的搜集。下面都是文人搜集材料的故事：

晋朝文人左思①作《齐都赋》，一年方成。作《三都赋》

---

① 左思（约250—305年）：字泰冲，西晋文学家，其《三都赋》被人称颂，造成当时"洛阳纸贵"。

时，构思十年，方才脱稿。在写作期间，凡门庭藩溷[①]，皆置纸笔，偶得一句，立刻写下。他这样地用心，无怪文成之日，富豪之家，竞相传写，一时洛阳为之纸贵了。

唐代诗人李长吉[②]曾骑驴寻诗。每天早晨，骑着一匹瘦驴，命书童背着锦囊，跟在后面。每逢得诗句，立刻写下来，投到囊里。到晚上回家时，取出整理下，便成诗一束。

施耐庵写《水浒传》，其中梁山泊一百零八个好汉的面目，都先画出来，张贴在壁间，朝夕凝思。经过这一番研究和观察的功夫，所以《水浒传》里的人物，都有他们的个性，毫不模糊。

蒲松龄写《聊斋志异》以前，喜欢坐在道旁，遇见人就请他坐下吃茶抽烟，并且讲个鬼怪的故事。他用这种方法搜集材料，后来整理一番，成就了这本《聊斋志异》。

苏东坡被贬黄州的时候，也喜欢找人谈鬼怪事。人说没

---

① 门庭藩溷：指家中各处。藩（fān）：篱笆。溷（hùn）：厕所。
② 李长吉（790—816年）：即李贺，字长吉，唐朝中期浪漫主义诗人，与李白、李商隐并称为"唐代三李"。后世称其为"诗鬼"。

有，他便说："姑妄言之①。"他把所听到的鬼怪故事，做写文章的材料。

外国的作家，也有许多搜集材料的故事。美国作家辛克莱，在写作之前，必定到外面去访问必要的地方，阅读必要的文件，搜集必要的材料。丹麦作家易卜生写剧本的时候，不但研究所要写的角色，并且要研究到角色的祖先。福楼拜的名著《圣安东的诱惑》，费了二十年的预备工夫。杜伦的名著《哲学的故事》，费了十一年的时间搜集材料，用三年的时间写成。

搜集材料，固然要靠平日的注意，但有时为了应付临时的需要，可以做一次特别的工作。例如法国作家左拉，为了描写妓女的生活，自己特地跑到巴黎下层社会里去鬼混了些日子。文西为了研究人死时的表情，自己跑到法场去看犯人杀头。

莫泊桑是"短篇小说之王"。少年时跟福楼拜研究文学。老师命他到街头写一百个车夫的姿势。莫泊桑就特为坐在路

---

① 姑妄言之：汉语成语，意思是姑且随便说说，不一定有什么道理。

旁观察各车夫的特点，然后才满意地交了卷。后来，有一次他要知道一个人被人家踢痛后的痛苦的光景，特地出了许多钱去买一个人来踢，好借此来精细地观察。这种方法原是他母亲告诉他的，他的母亲说："几时你要写一样东西，定先要把这样东西观察得十分清楚，然后下笔。"

搜集材料的工具

有几种工具是搜集材料时很有帮助的，写在下面：

用脑子思索。

在动笔写作之前，要先思索一番，想想如何开头，如何结尾，中间写些什么，然后才有完整的作品。前面我曾引过王勃属①文时酣饮而卧的故事。其实他在酣饮之后，引被覆面卧的时候，正是他聚精会神从事思索的时候。如果我们以为他睡觉了，那真是受了他的欺骗。

哲人尼采在写作之前，总是先到外面散步，为的是要在清静的地方做思索的功夫。

有时我们要将思索心得，写下来保存，以备应用。否则

① 属：多音字，此处读 zhǔ，意为连缀字句。即撰写（文章）。

往往到用时，就忘记得无影无踪了。

用眼睛观察。

据心理学家的研究，吾人一生的知识至少有百分之七十五是由观察得来的。眼睛对于作文有最大的帮助。记叙事物，必须靠观察；抒写情景，也必须靠观察。古人常说文人要多游名山大川，张开自己的胸襟，这就是说要多多观察。观察得多，作文就不枯窘①；观察得精，作文就不肤浅。"作文的趣味"一章里所说的李长吉、左拉、莫泊桑等人的故事，都是写好文章必须有精密的观察的证明。

用耳朵去听。

用耳朵去听取材料，对于作文也是很有帮助。中国古人说好文章要写得"有声有色"。有色是靠眼睛，有声是靠耳朵。天地间森罗万象，有时要用眼看，有时要用耳听。比如欧阳修的《秋声赋》：

---

① 枯窘：枯竭贫乏。

　　欧阳子方 ① 夜读书，闻有声自西南来者，悚然 ② 而听之，曰："异哉！"初淅沥以萧飒，忽奔腾而澎湃，如波涛夜惊，风雨骤至。其触于物也，鏦鏦铮铮 ③，金铁皆鸣；又如赴敌之兵，衔枚 ④ 疾走，不闻号令，但闻人马之行声。

　　这种描写完全是靠耳朵的。其他像白居易的《琵琶行》，几乎完全是声音的描写。

　　用口多读。

　　书籍是前人经验的记录，是搜集材料的捷径。每个有名的作家，都是读破万卷书的；不学无术的人，不会产生优美的作品。杜甫有句话说："读书破万卷，下笔如有神。"俗话说："熟读唐诗三百首，不会作诗也会吟。"新文学家孙伏园也说："书是前人经验的账簿，查阅起来，当然可以得到许多东西。"

　　古今有名的文章。你如果能多看多读，它的结构、它的

---

① 方：正在。

② 悚然：惊惧的样子。

③ 鏦鏦铮铮（cōng cōng zhēng zhēng）：金属碰击所发的声音。

④ 衔枚：古代行军或袭击敌军时，让士兵衔枚以防出声。枚：形似竹筷，衔于口中，两端有带，系于颈上。

作风，它的字句上的技巧以及思想的路径等，才能体会得到，对于你的作文才有很大的帮助。

用口多读虽笨拙，然而确是最有效的方法。世界上许多事物是用最拙笨的方法造出来的。一个人书读得多了，自然有丰富的材料可以供你作文之用了。

用手多写。

人的记忆是靠不住的，所以我们眼睛观察得来、耳朵听取得来、脑子思索得来、书里阅读得来的一些有用的资料，必须用手抄录下来，以备遗忘。古今多少文人都在札记上下苦功夫。把眼睛看见、耳朵听见的资料，写成速写和日记，或是随意写在一张纸上，然后分类保存，这些都是文人的产业，像商人的栈房①一样的可贵。俄国文豪高尔基就是一个勤做札记的文人。柴霍夫遇见风景人物，或特殊事件都记下来，写小说时便翻开自己的材料库来找需要的材料。革拉特珂夫把他平日的札记整理补充成为一篇《士敏土②》。中国名著《日知录》《阅微草堂笔记》《读书杂志》等，都是札记的

① 栈房：存放货物的地方。

② 士敏土：英文"cement"的音译，即水泥。

代表。

想到了便写，听到了便写，看到了便写，这是练习作文的最好方法。也许你最初写不好，日子久了，自会写得好。因为你的精神蓄藏已经丰富了。

想象也是材料的来源

以上五种——眼睛、耳朵、脑子、手和口都是供应作文材料的有力分子，除此以外，还有想象也是作文材料的主要来源。

作文固然要靠观察和经验，但是经验和观察有时是不完备的，必须用想象来补充。从知道的推想不知道的，从经验过的推想到没有经验过的，从观察过的推想到没有观察过的。这样，把不很完整的材料可以组织得更加完整。

夏丏尊先生曾有以下的话：

经验以外，犹有一个重大要素，就是想象。左拉虽然经验了酒肆的状况，但对于其小说中的男女人们的淫荡是难有直接经验的。费罗贝尔虽尝试过砒霜的味道，但女主人公的临死的苦闷是无法尝到的。莎士比亚曾以一人描写过王侯、小民、恋爱、杀逆、见鬼、战争、城妒、重利盘剥、妖怪，等等。被斥为专描写性欲的莫泊桑，一生中也未曾有过异常的好色经验。可知经验并不是文艺的唯一内容。文艺的本质是美的情感，情感固可缘经验而发生，亦可缘想象而发生。我们对着汪洋的海，固可起一种情感，但即使目前无海，仅唤起了海的想象时，也一样地可得到一种情感的。艺术不是自然的复制，是一种创造。在这意义上，想象之重要，实过于经验。虽非直接经验，却能如直接经验一般描写着，虽是向壁虚造①，却令人不觉其为向壁虚造，这才是文艺作家的本领。

（《文艺论 ABC》第五章）

---

① 向壁虚造：也说向壁虚构，指对着墙壁，凭空造出来的。比喻无事实依据、凭空捏造。

正确使用标点符号

·沐绍良·

　　明朝的时候，有一个著名的滑稽家，他的名字叫徐文长。这个人，据说是很有学问的，不过他的行为——却并不和当时一本正经的读书人一样——非常滑稽，因此他有许多滑稽的故事，一直流传到现在。

　　有一次，徐文长到他的朋友家里去，一住就是好几天。那时候正是黄梅时节，天天下雨。徐文长托故天雨不能行路，尽赖在朋友家里，吃吃睡睡，谈谈笑笑，像在自己家里一样。他的朋友，因为徐文长住得久了，就讨厌起来。暗想徐文长是最难对付的人，如果天一味下雨，说不定他会一味住下去，就想出了一个办法：写了一张字条贴在客堂里，让徐文长瞧到了，自知没趣，不再居住下去。那张字条上写着"下雨天留客天留我不留"十个字，意思是说：天虽然每天下雨留住你（指徐文长），但这里的主人可不曾留你。

徐文长看到了那张字条，默读了一遍"下雨天留客天留我不留"，就明白主人是在讨厌他。可是他觉得主人这种办法实在太使他难堪了，不由得恼羞成怒，想出了一个妙法，把那张字条上所写的话不改一字，高声朗读道："下雨天，留客天，留我不？留！"接着还大笑说："呵呵！主人这样盛情，真使我却之不恭。本来我想今天告辞，既然这样，我再住几天吧。"

原来从前的人，无论写什么，都往往不注意文句的标点，因此那张字条上的文句，可以有两种意义绝对相反的读法。聪明的徐文长就抓住了主人不注意文句标点的弱点，故意和主人为难。

从这个故事里，我们得到了一个教训，这教训就是：文句写好之后，必须加上标点。不但短短的几个文句是这样，就是长长的一篇文章，标点也绝对不可省略。否则，在文章里自己发表的意思，就有被读者误解的危险。

现在我们就来研究一下标点符号，标点符号一共有十二种。

第一种是句号。符号的形状是一个小圆圈，用在文句末尾的地方。例如："他哭了。"的"。"。

第二种是逗号和顿号。逗号的形状像一只小蝌蚪，顿号的形状像一粒芝麻。逗号用在长句中语气中止的地方，顿号用在文句中许多运用的同类词中间。例如："大家应该努力，使自己的品行、学问、身体都好起来。"的"，"和"、"。

第三种是分号。形状是逗号的上面加一个小黑点，用在一句中几个很长而并列的分句中间。例如："天气热了，固然热得令人难受；冷了，也会冷得令人受不住。"的"；"。

第四种是冒号。形状是两个小黑点一上一下，用在总起下文或总结上文的地方。例如："他的玩具很多，有：小狗、木马、洋囡囡、喇叭、铜鼓、小汽车和泥菩萨。"又如"忽听得一片呼救声、哭呼声、搬物声、狗吠声，杂然并作：原来是起火了。"中间的两处"："。

第五种是问号。形状像一只耳朵，用在疑问句的末尾。例如："他怎么啦？"的"？"。

第六种是惊叹号。形状是小黑点的上面加上一竖，用在各种感情激发的文句末尾处。例如："真想不到他这次竟得了第一名！"的"！"。

第七种是括号。形状是上下﹝竖排时是上下对称的⌒，横排时是左右对称的（）﹞对称的两条弧线，用在文句中夹注的地方；凡是夹注的部分，都括在括号里。例如："对于他（善于说谎的他），你不要十分信托。"的"（）"。

第八种是引号。分为两种：一种是单引号，形状是上下两个反方向的直角，都用单线画出①；另一种是双引号，形状和单引号相同，但都用双线画出。双引号用在称述言语的前后，单引号用在称述言语中的言语的前后。例如：明儿的姐姐说："我听爸爸说：'明天我们一家要到上海去了，所以我现在很快乐。'"的""和''。

---

① 民国时期书籍为竖排本，所以标点符号是上下对称的，单引号和双引号形状分别是：﹃、﹄。现在书籍为横排本，引号左右对称，改为''、""。

第九种是破折号。形状是一条直线，用在文句中，语气转变的时候。例如："炎热的夏天来啦——那也不用烦恼，一等过了夏天，就是凉爽的秋天了呢。"的"——"。

第十种是省略号。形状是一条直的虚线，用在文句被省略的时候。例如："花园里的花可真不少，有：月季花、桃花、杏花、李花……万紫千红，把整个花园装点得非常热闹。"的"……"。

第十一种是私名号^①。形状和破折号相同，但破折号是用在文句中间的，私名号却用在文句中私有名词的旁边（竖排时在旁边，横排是在下面）。例如："'中华民国'的国父是<u>孙中山</u>先生。"的"＿＿＿"。

第十二种是书名号。用在文句中书名的旁边。例如："我爱读的书有《新少年》《小朋友》《儿童世界》《儿童杂志》等。"的"《》"。

我们平时在写文章的时候，都应该照上面十二种标点符号的使用法，加上标点。假使不加标点，万一遇到了第二个徐文长，我们的文章就要遭殃了。

———————————————
① 私名号：用于专有名词，现已不常用。

写作的修养

· 姜建邦 ·

学生作文的困难之一是"没有写作的兴趣"。这一点固然教师应当担负部分的责任，例如，所出的题目不合学生的心意，或是在青年所有的经验之外，以致他们对作文抱着"望之生畏"的态度。但是，学生也要担负部分的责任，有时兴趣是给你自己消灭了。更进一步说，你所以对作文没有兴趣，也许因为你没有培养你的兴趣。

培养你的写作兴趣

怎样培养你的写作兴趣呢？下面的几点，对于你很有帮助：

兴趣是从实际的工作中产生的。

普通人最感觉兴趣的事是他最熟悉的事，换句话说，他对于会做、做得比别人好的事情，就感觉有趣味。反之，就觉得索然无味。例如，一个人打乒乓球打得很精彩，他自然对打乒乓球特别有趣味。但是他在还没有练习到精彩的地步的时候，也许不感觉有兴趣，如果能忍耐地练习下去，直练到超越别人的时候，他就兴致淋漓了。

我们练习写作，开始的时候，感觉没有兴趣，不是写作本身没有趣味，是因为我们还没有把写作的兴趣培养起来。如果你能忍耐地、不间断地练习，等到你写作的能力比较健全的时候——尤其是你的作文比别人精彩的时候，你就觉得写作有兴趣了。

培养写作兴趣的第一个方法是：开始练习写作，努力越过一个极无味、极艰难的阶段，你便走到对写作有兴趣的路上了。记住：兴趣是从实际工作里产生的。

写作的兴趣常是由阅读引起的。

我们常对熟悉的事多有兴趣，所以一个人书报阅读得多了，会对写作发生兴趣。许多文人都说他们少年时喜欢看书。冰心女士的故事，前面已经引述过了，现在再看王统照的自白：

记得我最早学看小说是在十岁的那年……家中找不到这类的书，便托人借看，以满足幼稚的好奇心。那时，给我家经管田地事务的张老先生的大儿子对我说，他有一部全的《封神榜》，我十分羡慕，连忙催他回家取来……从此……早饭时从书房回来，下午散学，晚饭以前，都是熟读这部新鲜书的时候。再过一年，便看到一部小字铅印的《今古奇观》……

（《王统照选集·我读小说与写小说的经过》）

我们培养写作兴趣的第二种方法是：多多阅读新旧的书籍，读得多了，便会引出写作的兴趣来。

常和喜欢写作的人来往谈话，会增进你的写作兴趣。

我们的许多活动，是受了刺激以后的反应。我们多和朋友来往，就获得许多刺激，所生的反应，往往是有益的。

　　我有一次到一位大学的教授家里去，看见他的书房里四壁都是图书。并且这位教授说，他的钱除了维持最低的生活费用以外，都用在买书上，甚至衣服都不肯添件新的。我听了他的话，又看见他那朴素的服装、渊博的学问，就立志以后也努力节省用钱，可以多买些书籍。这种模仿心就是一个刺激的反应。

　　我们如果常和喜欢写作的师友往来，他的谈话、他的稿件、他的成绩，都会刺激我们写作的兴趣。

　　有一次，我到一位朋友家里，看见他的书桌上放着一本剪贴簿，里面都是他平日在报纸副刊和杂志上发表过的文字，剪贴起来，成了厚厚的一册。我回来以后，也照样地把自己的作品剪贴起来，并且勉励自己要更多地写些文章。这就是和喜欢写作的人往来所引起的兴趣。

　　多和喜欢写作的人往来，他们会给我们一些刺激，可以培养我们写作的兴趣。这是第三个方法。

　　有写作的志愿，就有写作的兴趣。

　　如果你有一个写作的志愿，那么你就有了写作的兴趣。法国文人雨果，从小就嗜好文学，他十四岁的那年在练习簿上写道："不做夏多布里昂，誓不为人。"夏多布里昂是当时的一位著名文人。雨果在这一次立志之后，对文学便更加有兴趣了。

曾国藩很注意少年人的立志，他写信给自己的儿子说："天下事无所为而成者极少。有所贪、有所利而成者居其半。有所激、有所逼而成者又居其半。"

培养写作兴趣的第四个方法是，鞭策自己，立定志愿要学习写作，那么你的兴趣便会油然而生。

写作需要天才还是需要努力

天才是什么东西？我认为天才就是个人的潜在能力得到了充分的发展，天才并不是什么神秘的东西。

我们每一个人都有潜在的能力，好像一个花苞，得到适当的滋润和日光，没有害虫和小鸟的毁坏，它自然会开出一朵肥美硕大的花儿。这有什么神秘的呢？

多少人的潜在能力未能得到充分的发展，好像一个花苞，外面有了一层包围的东西一样，结果埋没一生，还说是没有天赋。这岂不是冤枉！我们每一个人都有天赋，不过有人把它发展出来，有人把它埋藏罢了。

我们练习写作，要靠天赋吗？

俄国文豪高尔基说："我的成功百分之八十是由于努力，百分之二十是由于天赋。"可见努力比天赋更为重要。

福楼拜说："天才，无非是长久的忍耐。"宋人吕居仁说："作文必要悟入处，悟入必自工夫中来，非侥幸可得也。"这些都是努力比天赋更加重要的证明。

天才不是神仙，他和我们一样的有皮肉、要吃穿，他也是社会里的一员。天才没有等级的差别，不过禀赋略有高低而已。然而这种禀赋的高低，并不影响将来成就的大小。例如发明家爱迪生幼时并不聪明，在同班里同学常常落后，小学老师甚至认为他是低能儿，但是后来他却成了最伟大的发明家。小说家巴尔扎克做学生时，常因为功课不好而受罚，老师评定他是智能低下。他最初写的一首史诗，粗笨的诗句引起全体师生的哄堂大笑。但是他并不自馁，仍旧努力学习，结果成了写实派最伟大的小说家。尚有许多贡献极伟大的人，后来我们说他们是天才，但是小时人人都以为他们的智能低下。所以说，我们应当依靠努力，不可依赖天赋。依赖努力而成功的人多，依赖天赋的人必定失败。

怎样努力学习写作

一个人的成就既然是在于努力，那么对于作文要怎样努力学习呢？下面是几个很实际的方法：

写日记。日记的价值很多，练习写文章也是它的价值之一。如果你能每天精心地记叙，每天便能写成一篇精美的小品文。这种经常的练习，一面可以体味实际的人生，一面可以锻炼写作的技巧，很有帮助。

办壁报。集体的生活表现，既有趣，又有益。集合志趣相同的朋友，办理一份手抄的刊物，彼此磨砺，互相观摩批评，可以给你一些鼓励。

投稿。抱着勇敢的心，向报纸杂志投稿，一旦你的文章被印刷出来，你的快乐是不能形容的。这样可以使你更起劲地写作，并且使你走上真正的写作之路。

翻译。在学生时期，学习翻译，对于作文的修辞造句、表现的技巧很有裨益。不妨把你所读的英文故事作为翻译的材料。尝试下，试试看是一切成功的第一步。

精益求精

练习写作要精益求精，没有一个人的文章，能说是好到极点的。艺术的作品，可以无限地发展，你不应对自己的作品感到完全的满意，要谦虚地学习，再学习。在学习的时候，注意以下的劝告，下面是一位颇有经验的文人所说的：

要作文，除了多看生活的写实外，还应当读一些理论书。

要避免思想上的纷乱，便应读伦理学。

要纠正造句上的错误，便应读文法。

要讲求用字的适当，便应读文字学。

要考究文字的纤美，便应读修辞学。

要探讨人生的究竟，便应读哲学。

要理解社会的变迁和目前社会的问题，便应读历史和其他社会科学。

要懂各种心理状况，便应读心理学。

要训练写作技巧，增加语汇，吸收辞藻，学习描写，要多读古今中外的文学作品。

招引灵感的方法

·姜建邦·

我们写文章常缺乏灵感，得不到新鲜的意思。为了这点，有两种方法对于写作是有帮助的：

第一，培养写作的动机。首先，常和爱好文学、努力写作的人往来谈话，从这些接触中，可以获得写作的灵感，使写作的动机成熟。其次，是预备写作的环境，把笔墨纸砚等预备齐全，给自己布置个写作的环境。最后，是下决心"开始写作"，这样也许文思会不断地涌来。尼克仲说：

多数人最大的困难是"开始"，工作一旦开始了，这些活动便会蜂拥而来。有许多作者，往往写到半截就停止了，为的是孵育目的，重整工作的态度。有志从事写作的人，应当注意自己是要咬牙垂发做些落空的努力呢？还是养成一种能坐下就起劲专心工作的习惯？绝不可相信，前者比后者能产生更好的创作的工作。

第二，作家为了使思想更自由地呈现，有许多招引灵感的方法。这些也可以说是文人们已经成了习惯的怪癖。兹分述如下：

刺激品是文人最常用的。李太白"斗酒百篇"，中国许多文人都在酒后文思最盛；法国的伏尔泰和巴尔扎克，都借助于咖啡；莫泊桑借助于以太①；雪莱饱饭之后，坐在火炉旁时灵感最盛；音乐家莫扎特也是在饭后工作最好。

调节温度，可以使血脉流通，增进思路，招引灵感。德国诗人席勒在创作时，喜欢把脚没在河水里；波舒哀在冷室

————————
① 以太：一种假象的物质。

中写作，必用毛皮包头；鲁展禽^①在地上大滚之后，爬起来才有惊人的书画。

写作的姿势，也影响思路，增减灵感。弥尔顿喜欢躺在床上写诗；马克·吐温也喜欢偃卧^②；英国作家法勒一生的著作，都是站着写的。据心理学专家周斯调查的结果，大半的诗人喜欢横卧的姿势。科学的实验也证明偃卧可以使血液流畅，宜于思想。

作家们几乎都有一些怪癖，但这只是文人自己的习惯，并不能证明人人如此，都有招引灵感的效力。科学家证明，只有写作的姿势和适当的刺激物，有助于思想的活跃，于写作是有益的。

---

① 鲁展禽：即柳下惠，姬姓，展氏，名获，字季禽。中国古代思想家、政治家、教育家。

② 偃卧：仰卧。